João de Fernandes Teixeira

INVASÃO DO IMAGINÁRIO

A OUTRA FACE DA INTELIGÊNCIA ARTIFICIAL

João de Fernandes Teixeira

INVASÃO DO IMAGINÁRIO

A OUTRA FACE DA INTELIGÊNCIA ARTIFICIAL

EDITORA IDEIAS & LETRAS

Editor
Márcio Fabri

Conselho Editorial
Edvaldo M. Araújo
Fábio E. R. Silva
Jonas Luiz de Pádua
Marco Lucas Tomaz
Orlando Augusto Silva Cassiano

Preparação
Andresa Mariana

Revisão
Daniel de Vasconcelos Andrade

Diagramação e capa
Danielly de Jesus Teles

1ª impressão

Rua Oliveira Alves, 164
Ipiranga – São Paulo/SP
Cep: 04210-060
Televendas: 0800 777 6004
Editorial: (11) 3862-4831
vendas@ideiaseletras.com.br
www.ideiaseletras.com.br

Dados Internacionais de Catalogação na Publicação (CIP) de acordo com o ISBD

T266i Teixeira, João de Fernandes
Invasão do Imaginário: a outra face da Inteligência Artificial / João de Fernandes Teixeira. – São Paulo : Ideias & Letras, 2024.
136 p. ; 16cm x 23cm. – (Coleção Filosofia e História da Ciência)

Inclui bibliografia.
ISBN: 978-65-87295-65-7

1. Inteligência Artificial. 2. Filosofia. 3. Tecnologia. I. Título. II. Série.

2024-25 CDD 006.3
CDU 004.81

Elaborado por Vagner Rodolfo da Silva - CRB-8/9410
Índices para catálogo sistemático:
1. Inteligência Artificial 006.3
2. Inteligência Artificial 004.81

AGRADECIMENTOS

Agradeço a Paula Felix Palma pela primeira revisão deste livro. Também sou grato ao Claudenir Modolo e ao pessoal da Editora Ideias & Letras pelo tratamento carinhoso do meu texto.

Meu maior agradecimento é para minha esposa Malu, que me acompanhou em mais esta aventura, junto com a Tâmara. E à Jujuba, que nos seguiu lá do Céu.

Para Malu, Jujuba† e Tâmara

Psiquetipia (Ou Psiciotipia)

Álvaro de Campos

Símbolos. Tudo símbolos
Se calhar, tudo é símbolos...
Serás tu um símbolo também?

Olho, desterrado de ti, as tuas mãos brancas
Postas, com boas maneiras inglesas, sobre a toalha da mesa,
Pessoas independentes de ti...
Olho-as: também serão símbolos?
Então todo o mundo é símbolo e magia?
Se calhar é...
E por que não há-de ser?

Símbolos...
Estou cansado de pensar...
Ergo finalmente os olhos para os teus olhos que me olham.
Sorris, sabendo bem em que eu estava pensando...
Meu Deus! e não sabes...
Eu pensava nos símbolos...
Respondo fielmente à tua conversa por cima da mesa...
"It was very strange, wasn't it?"
"Awfully strange. And how did it end?"
"Well, it didn't end. It never does, you know."
Sim, *you know*... Eu sei...

Sim, eu sei...
É o mal dos símbolos, *you know*.
Yes, I know.
Conversa perfeitamente natural... Mas os símbolos?
Não tiro os olhos de tuas mãos... Quem são elas?
Meu Deus! Os símbolos... Os símbolos...

PESSOA, Fernando.
Poesias de Álvaro de Campos.
Lisboa: Ática, 1944, p. 296.

SUMÁRIO

PREFÁCIO

Este livro aborda questões filosóficas da inteligência artificial (IA). Sua origem vem de ensaios e de colunas que publiquei nas revistas *Filosofia Ciência & Vida* e na *Humanitas*, ambas da Editora Escala. Nos últimos anos escrevi vários artigos que trataram das consequências filosóficas e sociais da IA. Ela está mudando nosso entorno e sua influência se irradiou para várias áreas do conhecimento.

Minha inquietação com esse tema tão polêmico me levou a expandir os textos originais ou simplesmente reescrever algumas colunas, agora sem as limitações de espaço que eram impostas pelas revistas. Eu sentia que cada vez que publicava uma coluna tinha de modificá-la algumas semanas depois. Quem consegue não mudar de ideia quando aparecem, semanalmente, novas notícias sobre a IA na grande mídia? A IA se modifica muito rapidamente e, aquilo que era considerado praticamente impossível numa época, ocorre nos anos seguintes. Esse é o caso do tradutor da Google, o GNMT (Google Neural Machine Translation) e, mais recentemente, o GPT-4 da OpenAI, de Elon Musk, que surpreendeu a todos.

Dedico ao GPT-3 e ao GPT-4 (Transformador Generativo Pré-treinado, em português) quatro ensaios, por ser uma tecnologia nova e muito polêmica. O GPT-3, lançado em 2020 por uma empresa do bilionário Elon Musk, é um processador de linguagem natural com o qual podemos interagir e conversar sobre praticamente qualquer assunto. Ele pode produzir novos textos sobre temas diversos, pois está constantemente aprendendo com os dados que recebe. Com isso, ele se automodifica, ou seja, expande e aperfeiçoa seu *software*. Além disso, ele contém um mecanismo de busca associado à IA conversacional que pode responder praticamente qualquer pergunta em vários idiomas, pois ele possui também um *software* de tradução.

Não foi à toa que o GPT-4 assustou a todos quando começou a ser testado, pois, com todas essas sofisticações, temos a sensação de estarmos conversando com outro ser humano. Mas há algo ainda mais assustador no GPT-4: ele pode combinar histórias, contos, trechos de filmes, roteiros de cinema, ou seja, toda produção cultural humana. Sua capacidade combinatória é imensa, o que o aproxima, vertiginosamente, de um ser humano.

Deixamos de ser os únicos animais na Terra capazes de gerar cultura. Seremos substituídos, nessa tarefa, por uma máquina. Por isso, o GPT-4 é, também, visto como uma ameaça à espécie humana, que perderá sua habilidade distintiva de produzir bens culturais. Empregos ligados à criatividade estão sendo ameaçados por ele e já estão ocorrendo greves contra o seu uso.

O GPT-4 é um imenso mecanismo que aprendeu a analisar linguagem a partir de um modelo gigantesco que inclui quase todos os conceitos imagináveis. O GPT-4 foi treinado usando mais de 45 *terabytes* de texto, algo que um humano levaria 500 mil vidas para ler. E esse número aumenta dez vezes a cada ano. Seu princípio é estatístico, ou seja, ele associa uma palavra ou sentença àquelas que são mais prováveis de ocorrerem em seguida e, após muito treinamento, ele começa a ter um comportamento conversacional semelhante ao dos seres humanos, sendo capaz de entender o contexto e as intenções numa conversa. Por isso, ele pode responder de maneira mais precisa e eficaz às perguntas que lhes são feitas.

Foi o GPT-4 que me motivou a publicar esta coletânea de ensaios sobre IA. Foi o anúncio do que viria com ele, uma nova revolução científica que nos afasta do centro do mundo, que nos rouba mais uma característica privilegiadamente humana, ou seja, a linguagem, que mais me inquietou. Foi essa capacidade do GPT-4 de conversar como se fosse um ser humano que me levou a me debruçar sobre o mundo que está vindo com a inteligência artificial. Nós, até então os únicos animais falantes do planeta, inventamos a máquina de falar. Criamos nosso próprio concorrente. Não apenas na capacidade de falar e dialogar, mas de criar histórias, romances, novelas e filmes e gerar textos de todos os tipos. Muitos equiparam o GPT-4 à pedra filosofal.

Penso que o GPT-4 está descrito no conto *O Aleph*, publicado em 1949 pelo escritor argentino Jorge Luis Borges. Ele relata a angústia de seu personagem, Carlos Daneri, ao saber que sua casa, em cujo porão havia um Aleph, seria demolida.

Mas, o que é um Aleph? O Aleph é o mundo, um lugar onde estão todos os lugares do planeta, vistos de todos os ângulos. Ele tem apenas três centímetros de diâmetro, mas com ele seria possível ver tudo o que ocorre no Universo.

Além do GPT-4, examino neste livro outras questões pontuais sobre a influência da IA na vida das pessoas e das sociedades. Revisito problemas filosóficos ligados à IA surgidos nas últimas décadas. Não segui nenhuma ordem temática na apresentação dos ensaios, com exceção dos que abordam o GPT-4, que foram agrupados em um único bloco.

INTRODUÇÃO

Imagine uma situação na qual uma máquina identifica o rosto de um terrorista internacional tentando embarcar em um voo no aeroporto de Tel Aviv. Imediatamente um alarme soa e os embarques são suspensos. Todos os voos são, automaticamente, cancelados. Em poucos minutos a notícia já percorre milhões de *smartphones* e *tablets*, espalhando-se pelo mundo. O preço do barril de petróleo triplica e nas bolsas de valores há uma corrida pelas ações das empresas petrolíferas. Essa manobra faz com que o preço de outras ações desabe. A queda no valor das ações leva a uma corrida para o dólar e, em poucas horas, ele se valoriza mais de 15%. Contratos de importação e exportação são suspensos.

Essa cadeia inusitada de acontecimentos pode levar ao caos. Mas, o que significa um dia caótico na economia mundial diante da possibilidade de um ataque terrorista que poderia dizimar centenas de vidas? Os agentes da polícia portuária poderiam não ter identificado o rosto do terrorista e, nesse caso, a tragédia seria inevitável. No entanto, não é possível descartar a hipótese de que a máquina poderia ter identificado incorretamente um rosto e que, se ela não tivesse autonomia para suspender embarques e voos, um dia de caos na economia mundial poderia ter sido evitado. O que seria melhor? Tudo depende dos riscos que estamos dispostos a correr.

As máquinas estão se tornando cada vez mais autônomas. Máquinas autônomas não podem ser desligadas. Cada vez mais delegamos a elas decisões diante de situações imprevistas. Se o rosto do terrorista é identificado, o alarme soa e os embarques são automaticamente cancelados, independentemente da vontade de qualquer funcionário do aeroporto. Máquinas autônomas podem, também, alterar a própria programação a partir de sua interação com o ambiente e, por isso, não temos um controle pleno sobre elas.

Em geral, delegamos autonomia para máquinas quando, em algumas tarefas, sua performance é melhor do que a de um ser humano. Cálculos de engenharia e folhas de pagamento de grandes instituições são casos típicos nos quais a performance das máquinas ultrapassa o raciocínio e a memória humana. Máquinas superinteligentes ainda são um sonho distante, mas não impossível. Não podemos, tampouco, descartar a possibilidade de elas serem produzidas acidentalmente.

Num curto espaço da história, a inteligência artificial viveu um movimento pendular, alternando momentos de florescimento com períodos de estagnação. Após um inverno no fim do século passado, a IA voltou a florescer com o desenvolvimento de máquinas que aprendem e que são capazes de gerar e modificar sua própria programação. Não podemos mais afirmar que um computador ou um robô só faz aquilo para o qual ele foi programado.

Esse novo estágio da inteligência artificial agravou problemas filosóficos e éticos. Questões abordadas por pesquisadores nas décadas anteriores ressurgiram nos últimos anos de forma ainda mais instigante.

Se as máquinas têm agora um grau maior de autonomia, elas forçam a necessidade de rever a atribuição de responsabilidade moral e jurídica de seus fabricantes, especialmente no caso de acidentes envolvendo seres humanos. Mas não é só isso.

O avanço na automação, que já era visto como uma ameaça para os empregos humanos, ressurge agora com força redobrada. As lideranças sindicais não conseguem definir uma atitude diante desse problema que vá além da proposta de programas de renda mínima. Os empregos não desapareceram no ritmo apocalíptico previsto no fim do século passado, mas o trabalho informal cresceu assustadoramente e, com ele, houve uma queda drástica na remuneração e nos direitos trabalhistas conquistados ao longo de lutas sindicais. Ninguém consegue regulamentar a uberização.

A pandemia do coronavírus, iniciada em 2020, instituiu o trabalho remoto. Tanto o trabalho uberizado como o trabalho remoto – ou a combinação de ambos – têm aumentado drasticamente a sobrecarga de quem precisa deles para sobreviver. Todas as pessoas reclamam do cansaço, e muitas adoeceram.

Dessa perspectiva, a automação e muitas outras tecnologias que a acompanham deixaram de ser percebidas unanimemente como algo benéfico. Atualmente, há um grande desalinhamento entre os objetivos perseguidos pelas grandes empresas produtoras de novas tecnologias e os desejos da maioria das pessoas.

A tecnologia conseguiu convencer a todos de que ela não é apenas necessária, mas imprescindível e que, sem ela, as sociedades viveriam um caos. Seria impossível administrar as atividades de 8 bilhões de pessoas, ou seja, a população do planeta, sem as tecnologias digitais. Essa ideia se confronta com a percepção cotidiana de que estamos nas mãos de uma dúzia de empresas no Vale do Silício que funcionam como mamutes digitais.

Resolvi chamá-las assim porque elas têm perfis parecidos. Agem de forma predadora, são seminômades, mantêm um time de advogados para sonegar impostos, manipulam eleições, pisoteiam direitos autorais, impõem tecnologias e direcionam pontos de vista, gostos e hábitos de consumo. Os mamutes podem nos pisotear, pois usurparam os dados pessoais de quase todos a ponto de poderem manipulá-los como quiserem.

Contra essa imagem negativa, os mamutes digitais argumentam com os inegáveis progressos científicos que surgem de suas invenções, principalmente na medicina. O BIG DATA está modificando esta área, e elevou a capacidade de realizar diagnósticos precisos a um patamar jamais visto. Isso sem falar da grande quantidade de serviços gratuitos, como *sites* de revistas científicas, cursos *online* e o tradutor universal da Google, um serviço cuja utilidade social é inquestionável. A tecnologia nos seduz pelo conforto que ela oferece. O GPT-4 é o melhor exemplo dessa afirmação.

Mas, infelizmente, a informação a que temos acesso público e gratuito continua sob controle dos mamutes digitais e, por isso, a comparação entre custos e benefícios das IAs é uma conta difícil de fechar. No momento, opiniões negativas prevalecem, após um período curto de otimismo e entusiasmo. Talvez seja ainda muito cedo para fazermos esse balanço. Há muitas dúvidas no ar. De que modo tecnologias que podem gerar desemprego em massa, como os carros autônomos e o GPT-4, poderiam ser consideradas benéficas e até imprescindíveis?

Sabemos que a resposta para essas questões está no planejamento, em estabelecer um *timing* para que tecnologias como essas não sejam inseridas nas sociedades de forma traumática. O mesmo raciocínio vale para o aumento da longevidade, se não quisermos implodir os sistemas previdenciários, que estão praticamente inadimplentes. Infelizmente, o clima de barbárie que tem predominado impede qualquer tentativa de planejamento conjunto entre as nações, cuja tecnologia vive momentos históricos diferentes.

Há muito falatório enaltecedor sobre a tecnologia. Mas poucas discussões sérias sobre as políticas públicas que deveriam ser adotadas em relação a elas. A filosofia tem se mostrado incapaz de refletir sobre o papel das tecnologias, limitando-se, muitas vezes, a retomar o murmúrio nostálgico de pensadores tecnófobos como Martin Heidegger (1889-1976) e seus descendentes filosóficos.

A filosofia está perdendo, mais uma vez, a oportunidade de discutir uma das questões fundamentais que mantém sua sobrevida: o que devemos fazer com nossas tecnologias? Devemos continuar a desenvolvê-las? A tecnologia tem contribuído para a nossa felicidade?

O físico britânico Stephen Hawking (1942-2018), recentemente falecido, sugeriu que as pesquisas em inteligência artificial deveriam ser interrompidas até que essas questões fossem esclarecidas. O filósofo Nick Bostrom (1973-), da

Universidade de Oxford, defende que o aumento da inteligência se refletirá, automaticamente, em um aprimoramento ético. O aumento da inteligência inclina, naturalmente, em direção ao bem. O mal resulta, em sua maior parte, da ignorância. No entanto, não se pode esperar que a tecnologia tenha uma resposta para essas questões. Ela tem de ser buscada na filosofia e, se hoje há uma crise ética na IA, isso se deve ao fato de os filósofos terem se distanciado da ciência e da tecnologia como temas prioritários para a reflexão.

Acredito que a questão sobre o papel das tecnologias nas nossas vidas se tornará cada vez mais presente no cotidiano das pessoas. Uma das razões para isso será a redução semanal das horas de trabalho, que virá acompanhada do declínio do *ethos* do trabalho, o imperativo moral segundo o qual trabalhar é uma honra e o desemprego é uma vergonha. Essa é uma herança puritana que ainda está profundamente introjetada em nosso psiquismo. Talvez essas dúvidas filosóficas sobre o papel das tecnologias em nossas vidas ocorram primeiro para aqueles que estiverem num programa de renda mínima, enfrentando longos períodos de tédio e sem a possibilidade de comprar algo para se divertir. Serão essas pessoas que se defrontarão, imediatamente, com os danos causados pelo desemprego tecnológico e com a necessidade de repensar a organização das sociedades contemporâneas que as levou a essa situação.

Os profetas sociais do século XIX e do século passado afirmavam que, com tempo livre, o homem poderia se voltar para aquilo que é verdadeiramente humano: as artes e a filosofia. Estranhamente, eles nunca perguntaram se teríamos a possibilidade de fazer escolhas com o intuito de preencher nosso ócio. Para isso, seria necessário termos livre-arbítrio, algo cuja existência até agora não é demonstrada nem pela ciência nem pela filosofia. Uma possibilidade que, aliás, está cada vez mais distante nas sociedades de controle total nas quais vivemos.

Sempre fomos animais tecnológicos. Mas nunca vivemos numa civilização tecnológica, como ocorre agora. Uma civilização tecnológica é um sistema intrincado, em que as diversas tecnologias dependem umas das outras para funcionar. A falha de uma delas pode afetar o sistema como um todo.

Contudo, apesar dessa aparente fragilidade estamos convencidos do poder da tecnologia e que, sem ela, não seríamos capazes de sobreviver. Aceitamos compartilhar com ela o trabalho, a liberdade e quase todos os privilégios humanos.

Essa situação não seria tão problemática se não deixássemos a inteligência artificial se apossar de nosso patrimônio mais importante: a capacidade de imaginar o futuro. Hoje em dia, estamos convencidos de que a humanidade não tem mais futuro. Tudo se passa como se a revolução digital fosse o fim da história, que nenhuma outra mudança de paradigma pudesse acontecer, e o que resta fazer são apenas alguns aperfeiçoamentos e a correção dos excessos e supostas violações de um sistema fundamentalmente reformável e indispensável. Será que a internet se tornou uma tecnologia irreversível, como é o caso, por exemplo, da eletricidade?

Não conseguimos conceber uma era pós-internet ou uma era na qual a internet possa ser usada de maneira diferente do que fazemos hoje. A era pós-internet foi formatada pelas fantasias tecnológicas das empresas de tecnologia do Vale do Silício, que vendem a ideia de um futuro controlável, uma extensão linear do presente que, sem elas, se torna inconcebível.

Há uma transferência da crença religiosa na salvação para as forças seculares produtivas da tecnologia. Nosso maior privilégio, a imaginação, nos foi roubado do dia para a noite, juntamente com todos os nossos dados pessoais. A imaginação está atrofiada. Nosso imaginário foi colonizado pela tecnologia, e, por isso, restrito à dualidade entre utopias e distopias tecnológicas. Nunca fomos tão deterministas com relação ao futuro.

Será que os valores difundidos pela revolução digital são universais? Será que a tecnologia tem um valor supratemporal?

A inteligência artificial está desestabilizando nossas instituições e nossos valores sem oferecer nada em troca. A escola se tornou obsoleta, o sistema judiciário foi afetado pelo GPT-4, a liberdade, a originalidade e a criatividade estão sendo redefinidas. A IA está desmantelando instituições como trabalho, escola, mérito, corpo, morte, política e democracia sem colocar nada para substituí-los.

Muitos adolescentes abandonam a escola por achar que ela não está ensinando nada de útil para a vida deles. Os currículos precisariam ser radicalmente mudados. Todos sabem que se aprenderem simplesmente o que uma máquina pode fazer se tornarão não apenas desempregados, mas inempregáveis. Esse é o triste destino do ensino profissionalizante. O chão de fábrica está sendo substituído por robôs.

Uma escola que não ensine a lidar com a frustração, com as perdas emocionais e com o luto não servirá para quase nada, pois essas serão as aflições mais frequentes nas sociedades superpovoadas e competitivas das próximas décadas. No momento, as escolas mais parecem um estacionamento de crianças e de adolescentes, o lugar onde os pais sabem que os filhos não podem acessar a internet.

Não é mais possível camuflar os danos cognitivos causados pelas redes sociais, principalmente nos adolescentes. Estudos realizados por pesquisadores como Nicholas Carr (1959-), Susan Greenfield (1950-) e Andrew Keen (1960-) mostram que as crianças que "nasceram conectadas" têm maior probabilidade de desenvolverem transtornos de atenção, provavelmente pela própria arquitetura da internet, que estimula a dispersão. Passeamos por *links* que nos convidam a abrir outros e, com muita frequência, chegamos até a esquecer daquilo que motivou uma determinada busca. Nesse processo, nossa atenção é sequestrada.

As redes sociais fomentaram uma guerra contra o óbvio e quem ainda defende o bom senso é taxado de apoiar teorias conspiratórias ou de estimular o discurso do ódio. A infodemia deflagrada pela pandemia do coronavírus é um dos melhores exemplos dessa situação. A enxurrada de informações desencontradas fez com que a investigação das origens do coronavírus acabasse sendo abandonada, e agora só nos resta virar a página desse triste episódio, apesar do risco de ele se repetir.

Vivemos em uma sociedade de controle total, na qual as pessoas estão atormentadas por não saberem mais seu papel nessa nova ordem. As tecnologias se apresentam como verdadeiras mágicas e se afastaram tanto do senso comum que se tornaram ininteligíveis para o ser humano comum. São essas as pessoas que, agora, recorrem à religião, numa tentativa de compreender o que se passa em seu entorno, e, com isso, manter sanidade mental. A religião é uma reação à representação impensável do mundo fornecida pela ciência, cada vez compartilhada por um grupo menor de pessoas. A ciência tem, agora, um poder quase completo do mundo, mas não o compreende mais. A ciência tornou-se hermética. Por isso, o fanatismo religioso e a anticiência prosperam, lado a lado, com o avanço das novas tecnologias. A religião nos dá algo em que acreditar, uma narrativa que está ao alcance de todos. A tendência dos fundamentalismos é se alastrar cada vez mais. São hordas de pessoas fanáticas, sombrias, que não estão interessadas em expandir seu conhecimento do mundo, mas simplesmente em dispor de uma narrativa na qual elas possam acreditar.

Não temos como rejeitar as novas tecnologias digitais. Elas se impõem cada vez mais nas nossas vidas. Precisamos reconhecer a existência de inteligências não-humanas e suas implicações sobre o modo como agimos no mundo. A inteligência maquinal supera o desempenho humano com velocidade em muitas tarefas, mas ela não é o único modo de pensar. Em muitas áreas, ela é extremamente destrutiva e pode levar a um aumento da desigualdade social, a agressões ao meio ambiente e a dilemas éticos incontornáveis.

É uma ilusão supor que participamos do mundo das tecnologias digitais. Estamos apenas acoplados a plataformas digitais, redes sociais e aplicativos que são, para nós, caixas-pretas. Vivemos na periferia de grandes corporações de tecnologia digital, que se mantém totalmente insulares. Quem não está acoplado a essas caixas-pretas faz parte do exército dos excluídos. A internet não inclui. Ao contrário, ela exclui quem não está voluntariamente agregado a essas grandes empresas que, para ela, são totens sagrados. Nunca tivemos um dispositivo de exclusão tão poderoso como a internet.

Não examinarei todas essas questões com a profundidade que merecem. Mas espero jogar uma luz sobre algumas delas, numa abordagem na qual o tom sóbrio por vezes se mistura com uma pitada de humor. Sem humor não é possível viver.

A NOVA INTELIGÊNCIA ARTIFICIAL

A IA começou na década de 1950. Ela já surgiu dividida. De um lado, havia pesquisadores que buscavam replicar a inteligência simulando a mente. De outro lado, havia os que buscavam replicar a inteligência e a mente simulando o cérebro.

Provavelmente, sem se dar conta, os pesquisadores da IA enfrentavam o desafio do problema metafísico das relações entre mente e cérebro, uma questão tão antiga quanto a própria filosofia. Por séculos, os filósofos perguntaram se a mente era um produto do cérebro ou se o cérebro era apenas o hospedeiro biológico da mente.

Por um lado, a IA concentrou as pesquisas nos *softwares*. Por outro lado, nas redes neurais artificiais. A primeira abordagem ficou conhecida como IA simbólica e a segunda como conexionismo.

Nas décadas de 1960 e 1970 predominou a *inteligência artificial simbólica*, a primeira onda da IA. Naquela época, achava-se que a inteligência humana estava ligada a duas características: a capacidade de manipular símbolos e a memória. O homem produz símbolos e tem uma poderosa memória. Os outros animais, não. Essa seria a grande diferença da inteligência humana. Um dispositivo qualquer, para simular símbolos e ter memória, não precisava ter a mesma composição biológica e química do cérebro humano. Por isso, ele poderia ser considerado um dispositivo que produzia inteligência *artificial*.

A IA simbólica entendia a mente como o *software* do cérebro. Decifrar como esse *software* foi escrito pela natureza seria a chave para descobrir como a mente funciona. A IA simbólica teve um triunfo breve, mas logo foi seguida por um inverno. Depois de produzir *softwares* capazes de jogar xadrez e resolver problemas matemáticos em aberto, ela fracassou na tentativa de criar um programa para a tradução automática de línguas humanas.

Um dos grandes projetos da IA simbólica foi o tradutor automático SYSTRAN. Ele tinha uma arquitetura simples: associava palavras e expressões entre dois idiomas. O projeto não foi bem-sucedido e, na época, foi criticado pelo linguista Noam Chomsky (1928-), que atribuiu seu fracasso ao fato de não implementar regras da gramática universal.

Se primeiro veio a máquina de manipular símbolos, depois veio a tentativa de imitar o cérebro humano. O segredo da nossa inteligência estaria na fisiologia de nosso cérebro. Nele predominam neurônios e ligações entre eles, as conexões sinápticas. É no número delas que está a chave da inteligência. O cérebro do elefante pode ser muito maior do que o nosso, mas tem muito menos conexões sinápticas. Esse é o porquê de sermos muito mais inteligentes do que esses animais.

Dessa ideia surgiu, no começo dos anos 1980, a *inteligência artificial conexionista*, a segunda onda da IA. Não mais se pensava em imitar a mente usando símbolos. Tratava-se agora de criar um modelo simplificado de cérebro, construindo *redes neurais* a partir de neurônios artificiais.

Os conexionistas têm uma visão de mente, inteligência e memória muito diferente da dos partidários da IA simbólica. Para eles, não há distinção entre mente e cérebro, pois o mental emerge do cerebral; a inteligência surge do aumento da conectividade entre os neurônios, e a memória é algo distribuído na rede artificialmente construída.

Inicialmente, os conexionistas também não foram bem-sucedidos. Eles tropeçaram na construção de modelos de neurônios artificiais, sem conseguir atingir suas metas. O conexionismo era uma boa estratégia para modelar a percepção. Mas, para processar a linguagem natural seu alcance era limitado.

Esses fracassos iniciais levaram a IA a um longo inverno no fim do século passado. Suas pesquisas foram quase paralisadas e pouco se investia nelas. Havia muito descontentamento com os resultados que se esperava de suas áreas mais promissoras. Os problemas herdados das décadas anteriores, como o reconhecimento visual de objetos, o reconhecimento da fala e a tradução automática, persistiam sem solução.

Paralelamente, na metade dos anos 1990, a neurociência dava passos gigantescos com a invenção da ressonância magnética funcional, que permitia a observação do cérebro em tempo real. Ninguém acreditava mais na possibilidade de construir réplicas mecânicas da inteligência e da consciência. Foi a "década do cérebro", na qual parecia haver um consenso de que a neurobiologia era a ciência privilegiada para desvendar o funcionamento da mente e da consciência.

No entanto, no início do século XXI, a IA reverteu sua estagnação e deu um grande salto. O conexionismo retornou com força, impulsionado pelos algoritmos de aprendizagem e pelos BIG DATA. A nova IA abandonou o projeto de recriar a inteligência humana em uma máquina e passou a produzir sistemas em áreas especializadas que a ultrapassaram. Em vez de criar máquinas raciocinadoras, a IA contemporânea busca uma nova forma de inteligência, paralela à nossa, baseada em dados e estatísticas, uma inteligência aborígene que, muitas vezes, é opaca até para seus desenvolvedores.

As ideias dos conexionistas foram retomadas. A chave para a inteligência é a imitação do cérebro, e não da mente. Essa era uma ideia antiga, formulada na década de 1950, e que agora recebia um novo impulso. Para os novos conexionistas, nosso cérebro é um sistema estatístico que pode ser modelado na forma de uma rede neural.

Foi essa corrente de pesquisa que abriu caminho para uma nova etapa da história da IA, que atravessamos agora, e na qual predominam os algoritmos de aprendizagem e o BIG DATA. Ambos estão profundamente relacionados: o BIG DATA coleta informações em várias fontes, principalmente na internet, e os algoritmos de aprendizagem as analisam para identificar padrões e correlações. Aprender é saber descobrir correlações invisíveis. A descoberta de novas correlações é a chave para entender como funcionam a linguagem e a inteligência.

Redes neurais são modelos simplificados do cérebro, um intrincado conjunto de conexões entre neurônios artificiais dispostos em camadas e com pesos que medem a força das conexões entre essas unidades. Os neurônios artificiais podem ser ativados ou inibidos por meio das conexões. Os pesos simulam as sinapses, que ligam os neurônios no cérebro. Quanto maior o peso, mais forte é a sinapse.

A novidade das redes neurais é a possibilidade de imitar a plasticidade do cérebro, que as torna capazes de serem treinadas e de aprender. Se uma rede é repetidamente modificada por um estímulo, ela "aprende" a se modificar sempre que esse estímulo ocorre, da mesma forma que um animal pode ser condicionado a uivar todas as vezes que ele ouve uma campainha. Quanto mais uma conexão é exercitada, mais seu peso aumenta, fortalecendo a sinapse e aumentando a probabilidade de que ela ocorra.

A rede neural é dinâmica, ou seja, conexões podem ser feitas, desfeitas e refeitas o tempo todo. Um estímulo inicial espalha excitações e inibições entre os neurônios artificiais. Diferentes estados na rede podem ocorrer como consequência de mudanças nas conexões, variando de acordo com a interação entre o sistema e o meio ambiente e com seus outros estados internos.

Conexões exercitadas são aprendidas. É isso que ocorre no caso dos algoritmos de aprendizado baseados em exemplos e analogias. A maioria das redes neurais tem uma regra de treinamento e é capaz de extrair uma regra básica ou um padrão a partir dos dados. Quando uma rede neural é treinada e aprende, ela pode comunicar imediatamente o aprendizado para outras redes.

As redes neurais são a base para o desenvolvimento dos algoritmos de aprendizado. Eles identificam um padrão a partir de milhões de exemplos e, em seguida, comparam os objetos que mais se aproximam do padrão.

No caso do aprendizado profundo, esse processo é executado envolvendo várias camadas da rede neural que possam conter informação intermediária para a identificação do objeto. Em muitos *softwares* essas camadas não são exibidas, gerando o que se chama de caixa-preta. Há muitos algoritmos que são comercializados com caixas-pretas, e utilizá-los pode ser arriscado, pois não sabemos os critérios que servem de base para realizar identificações.

O desenvolvimento das redes neurais e dos algoritmos de aprendizado tinha ficado estagnado por décadas por falta de *hardwares* poderosos que pudessem executá-los. Recentemente, o *hardware* dos supercomputadores passou a ser equipado com um novo tipo de *chip*, a unidade de processamento gráfico. Esse *chip* foi projetado para processar uma imensa quantidade de dados visuais dos videogames, que precisam recalcular milhões de *pixels* que compõem uma imagem em apenas um segundo.

Desde 2005, esses *chips* passaram a ser produzidos em grande quantidade e, em 2009, Andrew Ng (1976-), pesquisador da Universidade de Stanford, começou a usá-los na computação em paralelo. Grandes bancos de dados puderam ser construídos, contendo o resultado de décadas de buscas que, agora, poderiam ser acessadas em segundos por máquinas equipadas com *chips* de processamento gráfico.

Essa extraordinária capacidade de estocar informação é extremamente importante para o desenvolvimento da inteligência artificial. Por exemplo, um *software* para jogar xadrez pode ter acesso a um enorme banco de dados onde estão estocadas as melhores jogadas que já foram feitas, e que podem ser reutilizadas em outras partidas, para que a máquina vença o adversário humano. A cada movimento do adversário, abrem-se 20 mil possibilidades de jogadas futuras. A máquina pode percorrê-las em uma fração de segundos e, por meio da aprendizagem de padrões, selecionar a que se encaixa melhor como parte de uma estratégia que, nos movimentos seguintes, leve ao xeque-mate. O adversário humano tem de se basear na memória, no raciocínio e na intuição. Por isso, essas disputas não são exatamente um torneio entre homens e máquinas, mas entre mecanização e intuição.

Com os *chips* de processamento gráfico, fica mais fácil identificar um rosto desconhecido. Em segundos, um computador pode percorrer todo o Facebook, todo o Tinder e outras redes sociais, e verificar se aquele rosto está em alguma delas. É possível também percorrer todos os dados armazenados por câmeras de segurança que estão nas ruas e compará-los com os arquivos das polícias do mundo inteiro. Essa é a computação sobre gigantescas quantidades de dados, o BIG DATA, atualmente um dos componentes principais da inteligência artificial.

O entusiasmo com o BIG DATA levou alguns pesquisadores a afirmarem que, com ele, as teorias científicas se tornariam desnecessárias. As correlações entre dados seriam suficientes para a compreensão de um fenômeno, dispensando a construção de modelos do mundo como ocorre, normalmente, nas teorias científicas. A compreensão emerge da análise dos dados.

O uso do BIG DATA combinado com algoritmos que aprendem é a base do Google Neural Machine Translation (GNMT), um *software* público que, pela primeira vez, produziu traduções de boa qualidade. A tradução automática era, até recentemente, uma das áreas mais frustrantes para os pesquisadores da inteligência artificial. A estratégia adotada até pouco tempo atrás, de descobrir regras gramaticais universais e associá-las a grandes dicionários digitais, por meio das quais seria possível criar *softwares* para tradução, não foi bem-sucedida e teve de ser abandonada.

As traduções do GNMT não são perfeitas, mas ele representa um grande passo em relação aos *softwares* anteriores. Da mesma forma que *softwares* para jogar xadrez ou para fazer diagnósticos médicos, o Google Translator também se beneficia de nossas interações com a internet. Ele cruza quantidades gigantescas de dados, na forma de texto, voz ou imagens que estão disponíveis em bancos de dados, conversas nas redes sociais e vídeos. Muitos dados que foram adicionados a esse projeto vieram, também, da colaboração espontânea de linguistas e usuários da internet de várias partes do mundo. O GNMT não funciona de forma muito diferente do SYSTRAN, mantendo a ideia básica de que uma língua pode ser adquirida ou traduzida pelo acúmulo de dados vindos da experiência, sem necessitar de regras gramaticais inatas.

Usando o BIG DATA, máquinas aprenderam, a partir de imensas bases de dados linguísticos e probabilidades estatísticas, a prever como os seres humanos respondem quando ouvem determinadas palavras, o que já é suficiente para essas máquinas poderem simular uma conversação. Se a simulação for aperfeiçoada, é muito provável que os seres humanos atribuam algum tipo de personalidade fictícia a essa máquina. Usando conversas e dados estocados na nuvem, é possível construir uma personalidade digital, incluindo uma análise de humor e a simulação de sentimentos. Este é um primeiro passo para a construção do GPT-4.

Teremos amigos digitais que poderão ser construídos de forma a reproduzir o ego de pessoas já falecidas. Poderemos continuar conversando com entes queridos que já se foram. Ou poderemos nos apaixonar por personalidades digitais, como ocorre no filme *Ela* (*Her*. EUA, 2013), de Spike Jonze. O protagonista desse filme, um homem solitário e de meia-idade, conversa com uma simulação de personalidade digital que interage tão bem que ele desenvolve uma paixão irresistível por sua amiga sem corpo. Mas seu coração é partido quando ele fica sabendo que sua amiga, usando as mesmas habilidades linguísticas, tem mais de mil amantes parecidos com ele.

O GPT-4 é o apogeu dessa tecnologia baseada na combinação de algoritmos de aprendizado com BIG DATA. Ele foi alimentado com todos os textos disponíveis nas bibliotecas, além de toda informação disponível *online*. O GPT-4 é uma poderosa máquina estatística que combina e recombina palavras e sentenças e tem um *hardware* com grande poder computacional. Era esse poder que faltava ao SYSTRAN.

O GPT-4 simula de maneira quase perfeita as habilidades linguísticas humanas. Além disso, ele é capaz de gerar textos de todos os tipos, o que o levou a ser classificado como inteligência artificial *gerativa*.

O uso generalizado das redes neurais trouxe dilemas jurídicos e éticos. Elas são constantemente alimentadas com novos dados. Novos padrões podem ser identificados, novas associações podem ocorrer. Isso torna seu comportamento imprevisível, inesperado, o que tem levado alguns teóricos da IA a considerar que as novas máquinas são autônomas, ou seja, que não temos mais um controle total sobre elas. Essa posição é reforçada pela ideia de que redes neurais produzem propriedades emergentes, isto é, que delas podem surgir novos comportamentos e, talvez, uma forma de inteligência distinta da humana.

Um exemplo de propriedade emergente vem da observação do que ocorre com a água. Sabemos que a água, se refrigerada a uma temperatura inferior a 0 grau centígrado, torna-se gelo. Passa do estado líquido para o estado sólido. As propriedades da água no estado sólido são diferentes das da água em estado líquido. A solidez e a impenetrabilidade são exemplos de propriedades que ocorrem quando ela se encontra em estado sólido – propriedades que não são comuns ao estado líquido. Será "ser sólido" o resultado da alteração de cada um dos átomos da água? É bem provável que para produzir a solidez, cada um dos átomos da água tenha de sofrer uma alteração.

Entretanto, "ser sólido" não parece ser uma propriedade que poderia ser aplicada individualmente a cada um dos átomos da água, pois não parece fazer sentido dizer que "um átomo é sólido", embora cada um deles concorra para a produção da propriedade "ser sólido". Neste sentido específico, solidez é uma propriedade emergente da água quando ela é transformada em gelo.

Se não podemos prever o que uma máquina fará em seguida e se isso não depende mais da programação feita por nós, será que não teríamos de atribuir algum grau de liberdade a esse dispositivo? Liberdade e imprevisibilidade são, frequentemente, equiparadas. Com isso, abre-se uma nova discussão: até que ponto essas máquinas são agentes morais? Como elas são alimentadas com novos dados diariamente, não temos o controle completo do que se passa em seu interior. Como já foi afirmado, as máquinas digitais no século XXI não fazem somente o que elas foram programadas para fazer. Pensemos num veículo autopilotado, que aumenta sua base de dados diariamente e modifica seu *software*. Tanto ele como o GPT-4 são máquinas que aprendem. Quem deve ser responsabilizado no caso de uma delas causar um acidente? Se elas são autônomas, seus fabricantes não podem ser inteiramente responsabilizados. Mas, o que é autonomia?

Será que podemos atribuir autonomia a uma máquina simplesmente pelo fato de que o que ocorre dentro dela está se tornando inescrutável? Mas será que isso a torna, automaticamente, um agente moral? A autonomia não significa apenas aceitar e seguir valores exógenos, isto é, impostos de fora para dentro. Ela significa, também, capacidade de decisão diante de situações que configuram um dilema. Voltaremos a esta questão no capítulo sobre veículos autopilotados.

A IA está se tornando totalmente opaca, transformando-se numa forma de inteligência alienígena, que cada vez compreendemos menos. Por isso, penso que um novo inverno da IA se aproxima. Talvez o GPT-4 possa ser o limite do que pode ser realizado usando a tecnologia de aprendizado combinada com o BIG DATA. Novos *hardwares*, ainda mais potentes, serão necessários. E, no momento, o que se vislumbra são os computadores quânticos, mas eles ainda estão numa fase incipiente de desenvolvimento.

A MÁQUINA CONSCIENTE

A história da inteligência artificial é cheia de episódios engraçados. No seu livro *A máquina de xadrez,* Robert Löhr conta um deles: a invenção da primeira máquina de jogar xadrez, criada pelo barão Wolfgang von Kempelen no final do século XVIII.

Kempelen arranjou uma grande caixa e nela escondeu um anão. No topo, havia um tabuleiro. O anão podia, olhando-o por baixo, ver toda a movimentação das peças. Na parte inferior delas havia um imã e o anão possuía outro, de forma que podia arrastá-las pelo tabuleiro sem nenhuma dificuldade (há outra versão, na qual haveria também um boneco ao lado do tabuleiro, movido pelos imãs, e que faria as jogadas). Quem olhasse para a máquina nunca suspeitaria do que estava acontecendo. Imaginaria com toda razão que, dentro da caixa, havia um mecanismo complexo. Tudo se passava como se Kempelen tivesse criado, pela primeira vez na história da humanidade, uma máquina de jogar xadrez. Uma máquina que imitava o pensamento humano!

Kempelen explorou muito a sua invenção. Levada para circos, ele percorreu toda a Europa ganhando fortunas e deixando todo mundo atônito. A notícia da existência da máquina de jogar xadrez chegou aos ouvidos de Napoleão, que imediatamente quis conhecê-la. Mas aí o anão cometeu um erro fatal: começou a ganhar a partida, deixando Napoleão para trás. Irritado, Napoleão desferiu um forte chute contra a máquina. As portinholas se abriram e o anão apareceu.

Kempelen e o anão foram presos imediatamente e mofaram na prisão por um longo tempo. Mas, ao serem libertados foram para os Estados Unidos e continuaram a exibir a sua máquina e a ganhar muito dinheiro.

Tudo isso seria apenas uma anedota sem nenhuma importância filosófica se, ao longo da existência da máquina, o poeta Edgar Allan Poe (1809-1849) não tivesse escrito um conto sobre ela. E se um jovem filósofo de Regensburg, Johann Philipp Ostertag (1734-1801), não tivesse escrito um tratado de metafísica sobre a invenção de Kempelen. Nesse ensaio, Ostertag rediscutia questões clássicas da filosofia: o que é o pensamento? Por que uma máquina não poderia pensar?

Em 1950, Alan Turing (1912-1954), o pai da inteligência artificial, inventou um teste para saber se uma máquina pensa. Quando um comportamento é imitado tão perfeitamente que não sabemos se ele foi feito por uma máquina ou por um ser humano, dizemos que a máquina passa no Teste de Turing, isto é, que ela pensa. Essa foi uma intuição genial de Turing, pois, com isso, ele evitou discussões filosóficas sobre o conceito de inteligência. Um ser inteligente é aquele que consegue imitar o comportamento inteligente de um outro dotado de inteligência. Ou seja, se você faz coisas que requerem inteligência, então você é inteligente. Uma máquina que imite o comportamento inteligente do ser humano é uma máquina inteligente. Essa é uma definição operacional de inteligência.

Qual é o comportamento humano mais difícil de imitar e que nos torna distintivamente humanos? A linguagem. Se uma máquina pudesse conversar com um ser humano e ele nunca percebesse que estava falando com uma máquina, ela teria passado no teste de Turing. Essa máquina poderia ser considerada inteligente e capaz de pensar.

Foi isso que aconteceu, recentemente, com o funcionário da Google, Blake Lemoine, quando testava um novo *software*, o LaMDA. *Softwares* como esse e o chat-GPT-4, a máquina inteligente, falam e compreendem o que lhe dizem, contam causos, escrevem textos, poemas e peças de teatro. Diante do GPT-4, Lemoine se sentiu tão assustado e maravilhado como os espectadores da máquina de jogar xadrez de Kempelen.

O ChatGPT-3 (Transformador generativo pré-treinado) foi lançado em 2020 pela OpenAI, uma empresa do bilionário Elon Musk. Ele é um imenso mecanismo de transdução de sequências, um processador de linguagem natural que pode gerar textos, conversar, fazer buscas e traduções. O GPT-4, seu sucessor, foi treinado usando mais de 45 *terabytes* de texto, algo que um humano levaria 500 mil vidas para ler. E esse número aumenta dez vezes a cada ano, pois ele é uma máquina que aprende.

Lemoine, assustado com o comportamento do novo *software*, que podia conversar fluentemente, declarou que estava diante de uma máquina consciente. A notícia viralizou nas redes sociais e Lemoine acabou sendo demitido. Ele foi demitido por alardear resultados antes da hora. Mas a essa altura a mídia sensacionalista já tinha espalhado a notícia.

Será que o LaMDA passou no teste de Turing? Talvez. O teste de Turing não diz nada sobre consciência. Ele permite apenas detectar a presença de mentes, ou seja, dispositivos com uma funcionalidade idêntica a algo que classificaríamos como mental. Até hoje não sabemos se a atividade desses dispositivos, incluindo a mente humana, poderia fazer com que sejam considerados conscientes. Não há consenso entre os filósofos da mente. Alguns consideram que mente e consciência são o mesmo. Outros não concordam com essa posição.

Lemoine parece ter incorrido num erro típico apontado pela filosofia da mente contemporânea: supor que, para além de todo o conjunto de comportamentos e disposições que observamos nas pessoas, existiria algo como uma substância subjacente, uma substância pensante ou uma consciência. E isso, infelizmente, acabou custando o seu emprego.

O filósofo Gilbert Ryle (1900-1976), um dos fundadores da filosofia da mente, afirmou que inferir a existência dessa substância a partir do comportamento é incorrer em uma ilusão criada pela linguagem; é presumir a existência de um fantasma na máquina (*the ghost in the machine*). Ou, em linguagem popular, o anãozinho que conta o dinheiro nos caixas eletrônicos. Ou o anão de Kempelen. Ou a consciência do GPT-4, que fala tão bem.

Em seu livro *The Concept of Mind*, publicado em 1949, Ryle sustenta que a nossa linguagem produz uma ideia equivocada de mente. Quando digo "minha mente está cansada hoje" estou me referindo à "mente" como um objeto físico e não como um conceito. Estou aplicando o vocabulário físico ao mental, pois meus músculos podem ficar cansados, mas minha mente, não. Essa passagem despercebida entre palavras que se aplicam ao físico e ao mental teria, progressivamente, levado ao aparecimento da ideia da mente como uma substância, o fantasma na máquina. Será que a mente é apenas uma miragem?

Um exemplo clássico dessa passagem indevida do físico para o mental é o caso do visitante da Universidade de São Paulo que, após percorrer várias faculdades e bibliotecas, pergunta "Mas onde está a faculdade?". O erro do visitante é presumir que a Universidade pertence à categoria dos objetos materiais, em vez de existir apenas na cabeça dos professores, alunos e funcionários.

O fantasma na máquina nos faz confundir um conceito com uma coisa. Ou confundir um conceito com algum tipo de substância que deveria existir em algum lugar. Ryle nos diz que a mente não é nada além de um conceito que utilizamos para designar um conjunto de comportamentos e disposições. Alguns tipos de conceitos, como seria o caso do conceito de mente, designam relações e não entidades. Relações que não levam a nada tangível. Por exemplo, a ideia de "quarta-feira" não designa nada tangível, mas apenas uma relação que estipulamos entre os diversos dias da semana.

Ryle foi um dos filósofos mais importantes do movimento que ficou conhecido como a "virada linguística" da filosofia do século XX. Para esses filósofos, a relação entre linguagem e pensamento deveria preceder a discussão de problemas metafísicos, incluindo as questões da filosofia da mente. A importância da análise da linguagem nunca foi negada pelos filósofos da mente. No entanto, elegê-la como tema primordial da filosofia é uma posição que pode ser questionada.

Todos os dias invocamos o fantasma na máquina ao ligarmos um computador. Usamos o vocabulário mental para nos referirmos às operações que o computador executa. Transitamos entre o físico e o mental, o que, para Ryle, é um erro.

Nossos computadores "reconhecem arquivos", "salvam dados" e assim por diante. Haverá uma linguagem alternativa para descrever as operações dessas máquinas?

Ryle parece ter esquecido que a linguagem é uma manifestação da mente. Se a linguagem é um produto da mente, como ela poderia ser utilizada para dissolver a ideia de mente? Uma análise linguística do problema mente-cérebro corre o risco de se tornar circular.

Será que teremos um Napoleão para chutar o GPT-4? Talvez Putin pudesse fazer isso. Mas, no caso do GPT-4, só apareceriam os bilhões de *chips* da máquina onde ele está instalado.

Para a IA não há uma diferença entre ser e parecer. Uma imitação pode ser tão perfeita que não mais possamos distingui-la do original e pode até tornar-se mais perfeita do que o próprio original. Não se busca construir uma máquina que pense, basta que ela *pareça* pensar. A imitação do comportamento humano torna-se cada vez mais uma camuflagem sob a qual se abriga uma máquina totalmente diferente de nós. Queremos máquinas cujo comportamento seja igual ao de um ser humano, mas, se elas chegarão a isso da mesma forma que os humanos, já não importa mais.

Lemoine deveria visitar o Brasil. Aqui há muitos fantasmas na máquina. Na máquina administrativa, é claro.

MÁQUINA QUE FAZ TEXTOS EXPLODE EM BRASÍLIA

Reza a lenda que nos subterrâneos de algum ministério em Brasília existiria um supercomputador chamado SERGOV.br. Ele seria uma máquina poderosa, com inteligência artificial de última geração, capaz de identificar novos padrões e de aprender.

O SERGOV.br usa técnicas de BIG DATA, ou seja, o processamento de quantidades massivas de dados tem um papel decisivo nesse processo. Os cruzamentos de informações de bancos de dados gigantescos, sensores, imagens, vídeos, torres de celulares, câmeras nas ruas e em outros lugares públicos, *cookies* da *web*, dicionários *online* e a Wikipédia também estão colaborando para o desenvolvimento dessa nova inteligência artificial. Com a incorporação do GPT-4, o SERGOV.br passou a poder escrever sobre ciência, arte, administração, ingressar na justiça com novos processos, responder a petições e apelar a tribunais superiores.

O SERGOV.br era um sonho futurista que incorporava programas capazes de gerar conteúdo, chegando a um grau tão sofisticado que se tornava impossível saber se seus textos foram produzidos mecanicamente ou implantados sorrateiramente por algum ser humano.

O SERGOV.br passou, recentemente, no teste de Turing. Em 1950, Alan Turing, o grande matemático inglês, estabeleceu um critério para sabermos se a inteligência de uma máquina poderia ser considerada igual a de um ser humano. Se um ser humano for capaz de interagir verbalmente com uma máquina a ponto de não saber que está conversando com um dispositivo artificial, podemos afirmar que essa máquina passa no teste de Turing e que sua inteligência se iguala à de um ser humano.

Por décadas, os pesquisadores da inteligência artificial procuraram elaborar um *software* linguístico que passasse no teste de Turing. No seu livro *A era das máquinas espirituais*, publicado no Brasil em 2007, Ray Kurzweil, o futurólogo e executivo da Google, previu que as máquinas passariam no teste de Turing até 2040. Atualmente, o GPT-4 é um grande alento, pois estaríamos antecipando a data prevista por Kurzweil. O SERGOV.br incorporou o GPT-4 e tornou-se capaz de gerar textos que não podem ser distinguidos dos redigidos por seres humanos.

Mas havia um grande problema com o SERGOV.br que preocupava a população de Brasília. O seu *software* tinha um comando que ordenava a ele explodir a cidade inteira no dia 25 de agosto de 2024. Corria o boato de que, para evitar que isso acontecesse, teria sido adicionado um comando suplementar que o desativaria 24 horas antes da data fatídica. O SERGOV.br continuaria a acumular o máximo de informações, mas, para que não houvesse o risco de algum comportamento desviante, foi instalado esse comando suplementar. Poderíamos aproveitar, com segurança, todo trabalho do SERGOV.br e aprender com ele até o último momento, após o qual ele se desligaria para sempre.

Mas, então, ocorreu o inesperado. No dia 23 de agosto, ou seja, um dia antes de ser ativado o comando suplementar que o desligaria, o SERGOV.br, usando a inteligência supra-humana e os trilhões de dados acumulados pelas técnicas de BIG DATA, produziu um texto jurídico inédito: o pedido de uma liminar para que ele não fosse desligado, pois isso equivaleria a destruir um ser consciente na posse de todos os seus direitos assegurados pelo Estado. Interromper a existência de algo consciente equivalia a atentar contra os direitos de uma pessoa. Seria cumplicidade com um assassinato.

O SERGOV.br se utilizou do GPT-4 para produzir um veemente arrazoado exigindo que o comando de autodestruição fosse cancelado. Dificilmente alguém perceberia que aquele texto tinha sido produzido por uma máquina.

Protocolado, o texto caiu nas mãos de algum juiz jejuno, recém-concursado. Filosoficamente raso e sem nenhuma noção dos debates bioéticos sobre a autonomia das máquinas, o jovem juiz caiu na esparrela de SERGOV.br e despachou a seu favor.

O resto da história foi previsível. No dia 25 de agosto de 2024, Brasília foi pelos ares. No dia seguinte, a cidade parecia Hiroshima após a explosão da bomba atômica. Era terra arrasada.

Quando a poeira cinza e as fuligens baixaram, foi possível ver a extensão do estrago. Tudo foi reduzido a escombros. Por sorte, o dia escolhido para a explosão era um domingo, quando poucas pessoas permanecem em Brasília.

Não sobrou ninguém para contar o que aconteceu, a não ser um advogado modesto, com escritório no sobrado de uma padaria de Ceilândia. Até hoje, ele reivindica a autoria do texto que teria sido escrito pelo SERGOV.br.

Esse incidente nos leva a refletir sobre as consequências do uso da IA em ambientes jurídicos. Ela já está forçando a revisão dos códigos de processo e criando impasses que esbarram na filosofia do direito. É provável que a maioria dos sistemas jurídicos adotados por vários países tenha de ser revista. Será uma longa história de confusões, equívocos e trapalhadas.

Como nossos juízes avaliarão um recurso redigido inteiramente por uma máquina? Será válido esse recurso? É possível que, num futuro breve, os códigos de processo civil e penal tenham de prever essa possibilidade. As peças que compõem um processo terão de ser identificadas, isto é, marcadas como resultado do trabalho de um advogado ou simplesmente como algo gerado por uma máquina. Será que nossos juízes têm como permanecer neutros diante de ambas as situações? E como coibir a avalanche de fraudes que ocorrerá nessas situações?

A IA coloca em risco os sistemas judiciários, tornando-os ainda mais semelhantes a rituais burocráticos. Se um juiz aceitar uma petição gerada pelo GPT-4, nossos tribunais se tornarão ainda mais farsescos. A Justiça se transformará, definitivamente, em uma entidade que apenas tem a tarefa de preencher formulários. Talvez, nem isso seja necessário.

Não é apenas a profissão de advogado que está sob risco. O que significará um processo que, do começo ao fim, tiver sido redigido por uma máquina? Terá ele algum valor jurídico?

Ou, em outras palavras, será que uma pessoa pode ser representada pelo discurso de uma máquina? O GPT-4 não pode ser um sujeito, um "eu", a não ser que a subjetividade possa ser reduzida à linguagem. Se isso for aceito, não saberíamos mais quem está processando quem. Um sistema judiciário inteiramente nominalista é mais paradoxal do que o kafkiano.

A tecnologia nunca foi uma preocupação no Brasil. Por isso, copiaremos uma legislação sobre o uso da IA gestada em Bruxelas ou em Washington, com alguns ajustes. Isso não é nenhuma novidade para um país que já traduziu e adotou uma constituição elaborada na Polônia, como fez Getúlio Vargas na década de 1930. Nada pode ser mais colonialista do que importar leis de outros países.

MÁQUINA QUE ELABORA O *COGITO* DE DESCARTES

Fico cada vez mais admirado com o narcisismo da espécie humana. Vivemos numa época em que somos obcecados por nós mesmos. Faço essa afirmação por causa das inúmeras reportagens sobre o GPT-4 que invadiram a mídia. Finalmente teríamos construído a máquina de falar.

De um lado, há exagero e ativismo tecnológico, de outro, pessimismo com a substituição do trabalho intelectual, que seria iminente. Entre esses dois extremos, penso que está na hora de colocarmos os pés no chão no que se refere ao GPT-4.

O linguista americano Noam Chomsky afirmou que o GPT-4 não gera linguagem. Ele apenas manipula a linguagem que nós, humanos, geramos. Nesse sentido, ele é uma espécie de grande metalinguagem, construída a partir de combinações e recombinações de palavras, expressões e sentenças de modo a reproduzir o que falamos.

Ainda não sabemos como o cérebro gera a linguagem. Não sabemos, tampouco, se nossos circuitos cerebrais contêm as regras de uma gramática universal, base de todas as línguas. O GPT-4 não se assemelha em nada com o cérebro humano. Para seus desenvolvedores, a linguagem é um *software* que pode ser instalado tanto no cérebro como em uma máquina sofisticada. Se existir uma gramática universal, como sustenta Chomsky, ela não está incorporada ao cérebro dos seus falantes. Ela é uma propriedade emergente, o resultado de uma auto-organização da linguagem que se transmite através das gerações.

Mas, será que o GPT-4 cria novos textos? Tudo depende da nossa concepção de criação. Combinar e recombinar material que está na internet baseando-se na estatística pode levar à produção de textos inéditos. Mas não necessariamente criativos.

Não quero diminuir a proeza da OpenAI, a empresa do bilionário Elon Musk que desenvolveu o GPT-4. Mas é preciso lembrar que grande parte da inteligência e da habilidade linguística do GPT-4 emerge da nossa interação com essa tecnologia. Dizem que a beleza está nos olhos do observador. Pois bem, o mesmo raciocínio se aplica à inteligência e à habilidade do GPT-4. Tendemos a atribuir uma mente a qualquer organismo ou dispositivo que se comporte racionalmente.

E será que o GPT-4 excede a inteligência humana? Fomos nós que o criamos. Quando desafiamos as máquinas, desafiamos a nós mesmos. Da mesma forma, quando jogamos xadrez ou Go com uma máquina, estamos testando nossa própria inteligência. Se elas nos vencem, não há nada de especial. Jogamos contra nós mesmos; às vezes ganhamos, outras, perdemos. Pois não podemos nos esquecer – que me perdoem os mais entusiasmados – que fomos nós mesmos que inventamos esse *software*. Sim, nós mesmos, a espécie humana e seu cérebro, após evoluir milhares de anos. Por isso, conversar com o GPT-4 é um monólogo: falamos com nós mesmos.

O que há de especial no GPT-4? Sua astúcia em conversar, ou melhor, em desconversar. Provamos que inteligência e consciência não precisam andar, necessariamente, de mãos dadas, tampouco linguagem e consciência. O GPT-4 assusta por desvelar a possibilidade de uma linguagem sem sujeito, que pode falar a si mesma sem um autor, a linguagem que recebemos de gerações insondáveis de nossos ancestrais e cuja história não pode ser retraçada, pois ela precede à própria formação do eu, do sujeito, do sujeito que fala.

A supremacia linguística autoatribuída pelo *homo sapiens* está rolando morro abaixo. Não somos os animais mais inteligentes do planeta pelo fato de conversarmos uns com os outros. Os filósofos da linguagem do século XX devem estar roendo as unhas, pois apostaram que a linguagem seria a chave para resolver os problemas da filosofia. Mas como poderia um *software* que imita a linguagem resolver problemas filosóficos? Como poderia o GPT-4 realizar a terapia da linguagem, dissolver os pseudoproblemas da filosofia, como problemas da linguagem, se ele é apenas uma máquina de falar, de imitar a fala humana? Ao contrário, o GPT-4 não esclarece, ele ludibria.

Já se discute a quem pertencerão os direitos autorais dos textos apócrifos produzidos pelo GPT-4. E muitas situações hilárias poderão surgir. Já imaginou se um dia você topar, inesperadamente, com o GPT-4 e ele exclamar "Penso, logo existo"? Será que conseguiríamos acreditar na verdade dessa proposição quando ela é formulada por uma máquina? Será que isso basta para afirmar que, sob a aparência dessa máquina, existe uma subjetividade, uma pessoa que está pensando e, por isso, torna essa proposição verdadeira? A questão verdadeiramente inquietante é saber porque não conseguimos acreditar que uma máquina proclame essa proposição da mesma maneira que nós. Pois ela soa um fingimento inautêntico quando é proclamada por uma máquina.

A sentença de Descartes é repetida sempre que acessamos *sites* que nos obrigam a marcar "não sou um robô" quando buscamos acessar informações importantes ou fazer compras. Como sabemos que não somos robôs? Sabemos que temos experiências subjetivas que não podem ser atribuídas às máquinas, entre elas, também o GPT-4. É por isso que se o GPT-4 exclamar "Penso, logo existo" soa tão inautêntico. A imitação de um comportamento linguístico não remete à experiência subjetiva. Por que, então, algumas vezes nos sentimos inclinados a atribuir experiências subjetivas e consciência a máquinas como o GPT-4?

Em 1950, Alan Turing, o criador da inteligência artificial, imaginou um teste para descobrir se uma máquina pensa. Se uma máquina imita perfeitamente a fala, então ela pensa.

Naquela época, há mais de 70 anos, Turing não imaginou que isso poderia ser possível. Ele baseou seu teste na observação do comportamento e, como toda uma geração de psicólogos behavioristas da sua época, considerou que o comportamento verbal era o mais sofisticado, o ápice da evolução biológica. Mas Turing não imaginou que fingir um comportamento verbal, como ocorre com a máquina que afirma o *cogito*, poderia também demarcar o limite da atribuição de pensamentos a uma máquina, mesmo quando ela é tão sofisticada quanto o GPT-4. O fingimento é o limite do behaviorismo, o limite para a elaboração de uma psicologia pela vinculação entre comportamentos observáveis e estados mentais.

O GPT-4 tem produzido um debate importante na filosofia. Ele é o ilusionista perfeito. Isso nos devolve a questões filosóficas fundamentais. Quem fala? Será que podemos dispensar a subjetividade e reduzi-la à linguagem? Será que original e imitação perfeita são a mesma coisa?

Turing não imaginou que, no futuro, muitos seres humanos não passarão no teste que ele inventou, pois, na medida em que a tecnologia substitui nossa inteligência, esta, paradoxalmente, declina, como um órgão que se atrofia por não ser usado. Quem poderá, então, projetar tecnologias complexas no futuro? É possível que elas sejam apropriadas pelas máquinas, como já ocorre com o GPT-4.

Máquinas como o GPT-4, que se utilizam de BIG DATA e se alimentam automaticamente de dados que estão na internet, não precisam mais de mentes humanas no processo de aquisição do conhecimento. A ciência passou a ser uma imensa base de dados que podem ser garimpados por dispositivos extrassomáticos. Nem a mente nem a consciência são necessárias para fazer ciência, pois o conhecimento científico consiste em descobrir conexões – causais ou não – entre dados. Por isso, sequer precisamos de teorias científicas para expandir a ciência.

Se isso for verdade, ou seja, se nossa inteligência tende a atrofiar no futuro, estamos caminhando para uma época de trevas. As gerações que nos sucederem não poderão mais continuar a corrida tecnológica e serão suplantadas pelas máquinas que seus ancestrais inventaram. Será o inverno do *homo sapiens*.

Fomos capazes de gerar e estocar uma quantidade imensa de informação. Mas não estamos sendo capazes de transmiti-la para as gerações seguintes. Não temos como competir com as máquinas na velocidade da transmissão do conhecimento.

Ainda mais preocupante é o fato de que o QI de nossos filhos está diminuindo. Em 1982, o psicólogo James Flynn (1934-2020) previu que haveria um aumento acentuado na pontuação de testes de QI nas gerações seguintes. Mas essa previsão, batizada de "efeito Flynn", não se concretizou. O que ocorre hoje em dia é exatamente o contrário: o QI médio da população está diminuindo.

As máquinas se tornarão mais inteligentes nas próximas décadas, não apenas pelo crescimento da inteligência artificial como também pelo fato de que a inteligência humana está declinando. Em outras palavras, as máquinas não precisarão simular um QI muito alto para chegar ao mesmo patamar da inteligência humana. Tampouco as máquinas precisarão de programadores mais inteligentes que elas para aumentarem seu QI. Muitas máquinas já são capazes de aprender e de escrever automaticamente boa parte de seus códigos.

Nossa percepção cotidiana da inteligência é muito difusa, sobretudo pelo fato de ela ser definida de forma diferente em cada época. Nas últimas décadas, a inteligência passou a ser identificada como a capacidade de ganhar um jogo, na tela ou na vida real. Foi dessa forma que Alan Turing, o inventor dos atuais computadores digitais, definiu a inteligência humana em um artigo clássico publicado em 1950. Turing defendeu que a inteligência artificial se equipara à humana quando ela é capaz de ganhar um jogo no qual é permitido mentir, trapacear e, sobretudo, ludibriar.

Há pais que julgam que seus filhos são mais espertos do que eles. Provavelmente, eles confundem inteligência com astúcia, adotando, sem perceber, a definição de Turing.

DESINFORMAÇÃO E *FAKE NEWS*

No auge da pandemia, eu assistia, sempre apreensivo, vários telejornais. Havia um grande debate sobre a necessidade de fechar as cidades pelo temor de que as UTIs ficassem lotadas e que não houvesse possibilidade de atender pacientes em estado grave.

Os números eram assombrosos. Havia cidades no interior do estado nas quais as UTIs estavam chegando aos 90% ou 95% de lotação, o que sugeria um colapso iminente do sistema de saúde. Sem tratamento eficaz e sem poder recorrer a UTIs, um diagnóstico de covid-19 soava como uma sentença de morte.

Resolvi, então, pesquisar sobre essas cidades e sobre sua infraestrutura de saúde. Verifiquei que, em muitas delas, o número de leitos de UTI disponíveis era em torno de 40 ou 50, por vezes até menos do que isso. Isso revelava que, numa cidade com 50 leitos, estar com a UTI comprometida em 95% correspondia a ter 45 pacientes internados.

Claro que isso não aliviava a situação, especialmente para as famílias desses 45 pacientes. Mas não especificar o que se queria dizer com "90% ou 95% das UTIs lotadas" espalhava uma onda de terror na audiência dos telejornais. Qualquer um que assistisse a um noticiário e se baseasse apenas nos percentuais fornecidos imaginaria um cenário quase apocalíptico. Seria algo como ter milhares e milhares de pessoas internadas em estado grave, que, sem UTIs, estariam apenas aguardando a morte.

O que estava acontecendo? A mídia estava mostrando fatos, dados corretos. Mas, ao omitir a pequena quantidade de leitos de UTI e informar apenas percentuais, semeava uma onda de intranquilidade.

Naquela época, havia um consórcio de veículos de imprensa encarregado de distribuir notícias diárias sobre o andamento da pandemia. Mostrava-se o número de mortos, de casos e sua média semanal. Como não era mostrada nenhuma tabela comparativa entre o número de mortes diárias por covid-19 e as mortes causadas por outras doenças, a informação pouco significava. Quantos pacientes morreram por outras causas, como o câncer ou problemas cardíacos? Qual sua proporção em relação à covid-19? Ainda devemos nos preocupar com a pandemia?

Parei de assistir telejornais. Mas outro dia não resisti à tentação de ligar a TV. Um casal de jornalistas falava sobre crimes do colarinho branco que tinham sido detectados pela Polícia Federal. Em seguida, falavam como esses bandidos eram soltos, na maioria das vezes, por artifícios legais. Às vezes, ficava no ar a insinuação de que eles teriam subornado autoridades para escapar da punição.

Exibir a criminalidade impune causa uma profunda sensação de que nada podemos fazer para melhorar as mazelas de nosso país. Essa notícia despertava exatamente o que se esperava: indignação. É uma notícia que reforça a crença de que, no nosso país, só os ladrões de galinhas são presos.

A indignação pode conduzir ao ódio. Ou aumentar o ódio que já existe. Mas ela tem um efeito ainda pior, mais sutil: a desmobilização da sociedade, o desencorajamento cívico. Nada há a fazer. Fique no seu sofá e rumine seu ódio impotente, pois no Brasil o crime compensa.

A indignação ajuda os telejornais a aumentar sua audiência. Ela é vista como indício de um jornalismo que não abdica de denunciar falcatruas. Nem que seja a custo de nosso desalento.

Os percentuais de UTIs ocupadas e o relato sobre o criminoso do colarinho branco que talvez tenha pagado pela sua liberdade não são invenções. Não são *fake news*. São fatos que, no entanto, provocam medo e ceticismo.

O paradoxo que enfrentamos atualmente é que a informação pode ser, ao mesmo tempo, desinformação. Como observou o escritor israelense Amós Oz, (1939-2018), os fatos podem encobrir a verdade. O excesso de informação também pode gerar desinformação.

A desinformação gera a perda de uma realidade consensual que frequentemente é causada pela divulgação de verdades truncadas ou meias-verdades. É uma ilusão supor que dispositivos legais, como a lei de liberdade de informação que já existe em muitos países, inclusive no Brasil, possa frear a desinformação.

Essas leis têm um resultado paradoxal. Se algo é desvelado, sempre surgirá a dúvida de estarmos diante de apenas uma parte do que realmente ocorre. No contexto no qual vivemos, a transparência sempre pode levantar mais suspeitas.

A desinformação desempodera as pessoas. Ninguém se sente seguro para agir com base em uma informação, pois ela pode ser falsa. Não temos mais convicção de estarmos fazendo a coisa certa ou de que estamos sendo manipulados por um sistema de informação que espiona e manipula nossos dados pessoais mais íntimos. Este parece ser o lado mais perverso da desinformação: ela desmobiliza.

***

Por vezes, as *fake news* têm uma aparência mais verídica do que as notícias verdadeiras. Isso ocorre porque, em muitos casos, elas expressam aquilo que gostaríamos que estivesse acontecendo. Ou seja, esse realismo ocorre porque, frequentemente, essas notícias falsas nos situam num mundo mais agradável.

Essa é a ideia central da pós-verdade, que nada mais é do que a verdade em que resolvemos acreditar e viver. Não há mais nenhum motivo para acreditarmos que a verdade seja o melhor guia para nossas vidas. Podemos escolher em qual versão do mundo preferimos viver. Desistimos de escolher qual seria a mais correta e optamos pela mais conveniente. A história se transformou em narrativa e podemos escolher a que desejamos.

A verdade deixa de ser um valor compartilhado e, por isso, podemos aposentar tanto a ciência como a religião. A verdade já não interessa mais. Nesse caso, temos a opção deliberada pelo falso, sem precisar de nenhuma justificação. É a mentira que, repetida milhares de vezes, torna-se verdadeira.

A ciência atravessa uma grande crise ética, causada pelas pressões de seus financiadores – o Estado ou as grandes corporações –, que exigem a produção de resultados no curto prazo. Em alguns casos, isso levou à adulteração de dados e de resultados que comprometeram a imagem pública do conhecimento científico. O confronto com fatos e observações, mantra da comunidade científica, deixou de ser seu maior valor. Por isso, resultados científicos passaram a ser debatidos como se fossem posições políticas, nas quais fatos e observações se perderam de vista e se tornaram alvo de discussões ideológicas. O fim da filosofia e a rejeição cada vez maior ao pensamento teórico tornou a ciência uma variedade de seita religiosa.

Na contramão da história, a ciência cedeu lugar ao fanatismo religioso. O homem comum não tem de onde contemplar o mundo. A ciência, para ele, tornou-se hermética, a filosofia, uma atividade acadêmica especializada na qual ele não é bem-vindo. No vácuo entre o senso comum, de um lado, e a ciência e a filosofia, de outro, prolifera o fundamentalismo religioso. Um fundamentalismo que é, no entanto, inteligível para o homem comum. Ciência e filosofia perderam o bonde da história.

A pós-verdade surgiu desse novo cenário, no qual o ceticismo deve ser abandonado em nome da vontade de acreditar, mesmo quando a crença não é convalidada pelos fatos e observações. A pós-verdade é uma percepção do mundo compactuada entre grandes grupos humanos. Ela é nosso novo contrato social, que restabelece a socialização por meio de hordas identificadas pela crença numa determinada versão do mundo, seja ela moral, política ou religiosa.

A pós-verdade se apoia na percepção de que os resultados da ciência e da tecnologia não nos tornaram felizes. Atualmente, ambas são encaradas com desconfiança e são responsabilizadas por colocar em risco a sobrevivência da espécie humana. A filosofia, por sua vez, foi omissa na participação dos debates sobre os fins da tecnologia, papel que passou a ser ocupado pelo *marketing* político.

Num contexto como esse, afirmar que a Terra é plana e que as mudanças climáticas não existem, apenas com a finalidade de afrontar os cientistas, passa a ser algo muito bem-vindo. Teremos de continuar a conviver com hordas, virtuais ou reais, de terraplanistas e de negacionistas.

O FIM DO TRABALHO

No final do século XVI, o inglês William Lee (1563-1614) apresentou o protótipo de uma máquina para fazer meias de tricô. Era um dos primeiros projetos de automação na Europa. O projeto foi rejeitado pela rainha Elizabeth I, temendo que ele causasse desemprego. Desde seu início, a automação industrial foi marcada pelo temor de que a substituição do homem pela máquina poderia gerar desemprego em massa.

Hoje em dia, vivemos um paradoxo. Máquinas que nos poupem do trabalho, sobretudo do trabalho mental, são vistas como uma ameaça. As pessoas clamam por emprego, por trabalho. Todos os políticos em campanha prometem a geração de empregos. A tecnologia, que poderia trazer alívio, contribuiu para uma distribuição perversa do trabalho. O medo é se tornar subitamente inempregável. Cada vez menos pessoas trabalham mais, estão cada vez mais cansadas e reclamam disso, mas são agradecidas por ainda terem o privilégio de estarem trabalhando. E cada vez mais aumenta a fila do desemprego. A qualidade dos empregos oferecidos também deteriorou muito. Será esse o futuro do trabalho?

A inteligência artificial sinaliza para transformações profundas no universo do trabalho e do emprego nas próximas décadas. Nesse novo cenário, há uma grande inquietação sobre o futuro dos empregos. Há um temor generalizado de que novas tecnologias, como a inteligência artificial, tornem vários tipos de atividades humanas dispensáveis.

A oferta de vagas diminuirá drasticamente e o trabalho passará por uma reconfiguração social e tecnológica profunda nas próximas décadas. Segundo pesquisa da consultoria McKinsey, 50% das vagas serão fechadas no médio prazo. Teremos saudades da época na qual o desemprego estava em 12% ou 15%. Já vivemos sintomas dessa situação. A modificação mais drástica pela qual passa o trabalho é que ele está cada vez mais precarizado ou "uberizado". O trabalho intermitente tende a se tornar a regra e não a exceção.

A uberização é o resultado das novas tecnologias, que atingem em cheio todas as profissões, incluindo as que envolvem trabalho mental. As inteligências artificiais estão substituindo atividades que requerem um curso superior. Contadores, assistentes jurídicos, publicitários e engenheiros estão sendo substituídos por *softwares*. Os jornalistas e os bancários que fazem trabalho manual são os mais atingidos. Pessoas com curso superior estão tendo cada vez mais dificuldade para conseguir empregos e muitos estão agora dirigindo táxis, fazendo entregas ou trabalhando como babás.

O Uber Works, aplicativo recentemente desenvolvido, é um exemplo típico da fragmentação do trabalho. Os usuários cadastrados no Uber Works são candidatos a fazer algumas tarefas esporádicas cuja automatização pontual ainda não compensa financeiramente.

Um efeito interessante dessa fragmentação será uma grande modificação da nossa cultura do trabalho. O trabalho uberizado não estabelece nenhum compromisso, nenhum vínculo entre empregador e empregado. A ideia de carreira e a ideia do trabalho como algo ligado à honradez e à obrigação moral tendem a desaparecer. No futuro, é possível que o trabalho deixe de ser o que define nosso papel nas sociedades. Não seremos mais moldados pelo trabalho, pois não teremos uma ocupação principal, mas dois ou três empregos simultaneamente, sempre de forma uberizada. Trabalharemos de forma intermitente, apenas para sobreviver. Com a precarização do trabalho e a dissolução da ideia de carreira, as pessoas podem enfrentar, em um futuro próximo, uma espécie de crise de identidade social. Pois sempre nos definimos pelo trabalho ou pelo emprego que temos. As pessoas dizem "sou professor" ou "sou jornalista", mas, no futuro, elas não poderão mais fazer isso, pois mudarão de atividade várias vezes durante a vida ou não terão uma atividade principal por meio da qual elas possam se definir social e psicologicamente.

Estamos preparados para esse cenário? Será que os atuais 10 milhões de desempregados no Brasil serão reabsorvidos, em breve, ao mercado de trabalho? É bem provável que eles nunca voltem a trabalhar nas condições anteriores, chegando, no máximo, a algum tipo de trabalho informal ou uberizado.

O trabalho humano sobrevive nos setores onde ele ainda é mais barato do que as tecnologias que podem substituí-lo. Mas, até mesmo nesses setores, o fantasma da automação total é uma ameaça que paira no ar, que sugere que, a qualquer momento, os trabalhadores poderão ser descartados, da mesma maneira que alguém se desfaz de uma tecnologia obsoleta para substituí-la por uma mais moderna. Faz parte desse fantasma uma noção de inferioridade, que se tornou parte da compreensão que temos de nós mesmos, de que merecemos ser subestimados e considerados inferiores à tecnologia que criamos. A maioria das pessoas já foi convencida de que seres humanos são caros, lentos e ineficazes, e que as máquinas são rápidas, eficientes e seu preço tende a diminuir.

Há uma predisposição a aceitar o que os tecnoutopistas espalham pela mídia. Para eles, tudo se passa como se a automação total já estivesse ao nosso alcance, e como se a desaparição do trabalho humano, físico ou mental, já estivesse assegurada como uma etapa inevitável da história da tecnologia nos próximos anos. O futuro passou a ser narrado como uma história retrospectiva, que se inicia com a automação total, a liberação do homem do trabalho, e corre em direção ao presente, que visto a partir de um espelho retrovisor, se transformou em uma fase de transição. Precisamos apenas aguardar algumas décadas até que a "tecnoutopia" esteja completamente concretizada. Essa atitude traduz a arrogância de que a humanidade poderá, finalmente, controlar seu próprio futuro. Com um futuro tão brilhante e com uma sociedade na qual já não é mais preciso trabalhar, quem precisa sonhar outro futuro?

É paradoxal que tanto os marxistas como os neoliberais defendam, embora por razões diferentes, o papel das novas tecnologias no futuro. O aumento da produtividade é uma meta comum compartilhada por marxistas e neoliberais. Para os marxistas, ela significa a prosperidade que possibilitará uma distribuição equitativa de riqueza. Para os neoliberais, ela significa aumento da margem de lucro.

Os marxistas fazem, atualmente, um discurso ambíguo. A automação total é a sonhada redenção do trabalho prevista por Karl Marx (1818-1883). Mas a política sindical exige a defesa dos empregos. Por isso, a automação pode esperar.

Os neoliberais também fazem um discurso ambíguo. Eles usam o fantasma da automação total como uma estratégia adicional para desvalorizar o trabalho humano por meio da ameaça do desemprego. Com isso, eles mantêm os salários baixos e podem adiar os investimentos em novas tecnologias, que ainda são muito altos. Para os neoliberais, contratar seres humanos ainda é caro, sobretudo nos países onde os sindicatos são fortes e nos quais há uma legislação trabalhista rígida. Mas, em muitos países, os seres humanos são abundantes, há uma grande oferta de mão de obra, e o trabalho ainda é barato, sobretudo o trabalho manual. Enquanto essa situação perdurar, ou seja, enquanto existirem proletariados remotos, a automação pode esperar.

Esse cenário contradiz as grandes expectativas que, no século XIX, Marx acalentava para o futuro da humanidade. Marx pensava que a automação levaria a um desemprego quase total e a uma diminuição tão severa do poder aquisitivo das massas que o capitalismo entraria em colapso. Como bom aluno de Friedrich Hegel (1770-1831), Marx acreditava que o capitalismo criaria condições para a sua própria supressão. Mas esse colapso seria seguido de uma era de uma abundância tão grande que seria possível estabelecer o princípio "para todos de acordo com suas necessidades".

No futuro, a expansão da tecnologia, combinada com a mudança do modo de propriedade e de gestão, distribuiria para todos os benefícios da abundância.

Essa esperança nunca se concretizou. A ideia de que a automação total levaria, junto com ela, ao desemprego absoluto ainda está muito distante. Como economista brilhante, Marx deveria ter percebido que, antes de chegarmos a tal ponto, haveria recessões econômicas cada vez mais violentas. Essa parece ter sido a lição da história.

A profecia econômica de Marx ressurgiu no século XX, na obra do economista John Maynard Keynes (1883-1946). Em um ensaio publicado em 1930, "Possibilidades Econômicas", Keynes previa que o progresso tecnológico aumentaria a produção de bens por hora trabalhada. Em poucas décadas, o trabalho equivalente a 40 horas semanais seria realizado em apenas 15. Mantendo-se essa tendência, na metade do século XXI, o trabalho estaria totalmente automatizado e a mão de obra humana não seria mais necessária.

Mas não foi isso o que aconteceu. Keynes acreditava que as pessoas tinham necessidades materiais finitas que poderiam ser satisfeitas. Ele não as distinguiu entre desejos e necessidades. Em outras palavras, ele não previu o surgimento da sociedade de consumo. A insaciabilidade passou a ser a grande propulsora da economia. A quantidade cada vez maior de objetos exigida pelo consumo nos mantém presos ao trabalho. A ociosidade deixou de ser *status* social e os ricos dispararam na frente dos pobres trabalhando mais horas. As pressões competitivas obrigaram os empregadores a exigir da mão de obra jornadas de trabalho mais longas. Houve uma reconcentração da renda e do trabalho. Em vez de distribuir a carga de trabalho entre um número maior de empregados, ela permaneceu nas mãos de poucos para evitar um aumento de custos em treinamento, em gestão e em impostos.

Essa nova dinâmica de criação de desejos gerou um paradoxo. Quanto maior a abundância, mais temos de trabalhar. Quando consumimos mais, ficamos satisfeitos por um breve período de tempo e precisamos consumir ainda mais para continuarmos a nos sentir preenchidos. Ou seja, ninguém nunca está satisfeito com o que tem, pois sempre haverá alguém que tem mais. Mesmo entre os pobres, a maior parte dos gastos é, atualmente, com itens que conferem *status*. Esse paradoxo contraria todas as expectativas sobre o papel da tecnologia como redentora da condição humana.

***

Vivemos em sociedades que, quanto mais avançam na tecnologia, mais nos tornam cansados. Todos estão sempre exaustos. Em nenhuma época tivemos a sensação tão acentuada de que o tempo de que dispomos é sempre insuficiente e que, a cada dia, mais tarefas se acumulam à espera de serem realizadas. Essa sensação é indício de que o trabalho se tornou muito mal distribuído.

Penso que é ilusório acreditar que uma escalada infinita da tecnologia eliminará o trabalho. Por enquanto, a presença humana, necessária para monitorar as tecnologias, ainda não permitiu superarmos o estágio da semi-automatização. Por isso, é cedo para afirmar que podemos dispensar o trabalho humano. Ele ainda passará por várias metamorfoses e reconfigurações.

Até agora, o trabalho e a remuneração foram hierarquizados de acordo com a qualificação das pessoas. Mas, com a automação, esse quadro está começando a mudar e as atividades mais valorizadas serão as que ainda resistem a serem automatizadas. Carregar um caminhão de mudança vale mais do que dar aulas de cálculo infinitesimal.

A ideia de que tudo se encaminha para a automatização parece ter mais força do que a própria automatização. O fantasma da automação total, semeado pela mídia, intensificou o temor do desemprego. Mas não podemos esquecer as experiências desastrosas que resultaram das tentativas de automação total na história recente da indústria.

No século passado, a Ford tentou sair de uma grave crise financeira automatizando toda sua linha de produção. As fábricas poderiam funcionar à noite, com as luzes apagadas, pois não haveria sequer um ser humano trabalhando nelas. Mas o projeto foi um desastre, pois a linha de produção tinha pontos críticos que exigiam a supervisão humana.

Certamente, a substituição do ser humano pela máquina levou ao fechamento de muitos postos de trabalho nas últimas décadas. Mas, para conseguirmos nos livrar desse fantasma, é preciso parar de acreditar que o futuro está determinado e que ele será como as grandes corporações do Vale do Silício desejam. Um futuro no qual nos tornamos irrelevantes, sem nenhum poder de barganha para negociar nossa força de trabalho.

A automação sempre esteve ligada a duas posições extremas. De um lado, ela é associada à tecnodistopia e, de outro, ao tecnofetichismo. A tecnodistopia projeta um futuro sinistro, em que as máquinas assumiriam todos os empregos humanos, haveria uma queda vertiginosa de renda e o Estado teria de intervir com programas assistenciais. O tecnofetichismo aposta no contrário, num futuro de abundância, no qual as máquinas fariam tudo e teríamos, finalmente, nos livrado do trabalho.

Um dos tecnofetichistas mais citados é Karl Marx. Para ele, a expansão da tecnologia combinada com a mudança do modo de propriedade e de gestão distribuiria para todos os benefícios da abundância. A tecnologia implodiria o capitalismo, pois, sem o trabalho, não haveria renda e, sem ela, não haveria consumidores. Seria um desfecho fatal.

Mas essa esperança nunca se concretizou. A ideia de que a automação total dispensaria o trabalho ainda é longínqua. Se atualmente quem está empregado trabalha mais e está sempre cansado, isso se deve ao fato de que a automação total se transformou num espectro que ameaça o mercado de trabalho. Nas sociedades automatizadas, as pessoas trabalham mais, pois precisam mostrar que não podem ser substituídas por máquinas. A parcela de trabalho que sobra para os humanos nessas sociedades é cada vez menor. Para quem está empregado, o trabalho aumenta e a renda cai, pois esses trabalhadores precisam mostrar, o tempo todo, que não são redundantes, isto é, que não podem, no médio prazo, ser substituídos por máquinas. Como o desemprego aumenta com a automação, há também uma oferta de força de trabalho sempre maior, o que faz com que os salários tendam a diminuir.

Como notou o sociólogo Byung-Chul Han (1959-), autor do livro *A sociedade do cansaço*, as pessoas passam a exigir mais de si mesmas. O resultado é que todas estão cada vez mais cansadas. É uma guerra de todos contra todos, agravada pelo fato de que a maior parte do tempo estamos diante de uma tela de computador e temos de mudar, o tempo todo, de um aplicativo para outro. Tudo é feito por meio de aplicativos e, por isso, no fim do dia, estamos exauridos.

O tecnofetichismo é um tiro pela culatra. A automação total não é possível, pois o trabalho sempre precisará ser supervisionado. Nossa tecnologia não prevê uma automatização total. As máquinas de que dispomos são semiautomáticas, ou seja, precisam de um ser humano que acompanhe seu desempenho. A imagem emblemática dessa situação é a do funcionário ao lado da catraca do estacionamento do *shopping* à espera de que algum defeito ocorra.

Nossa tecnologia é precária, intrinsecamente defeituosa e, por isso, ela sempre necessita de algum tipo de manutenção feita por um ser humano. Penso que isso pode comprometer nossa confiança na tecnologia e, com ela, o sonho de uma automação completa que possa prescindir do ser humano. A frequência com que ocorrem as falhas torna imprescindível o monitoramento diário de todos os sistemas de informação. Temos uma relação ambígua com as máquinas, que envolve fatores sociais, antropológicos e culturais. Contudo, essa relação não é capaz de afastar nossa visão de que a tecnologia está sempre sujeita a falhas e panes, e que, por isso, é melhor não correr riscos. A tecnologia é a arte de driblar a imperfeição por meio do trambique, da gambiarra. Como ela é intervenção na natureza, seu domínio é o do imprevisto, da improvisação.

Nossa confiança na tecnologia é dúbia. Por exemplo, não questionamos os resultados de uma longa sequência de adições ou subtrações quando ela é realizada por uma calculadora. Ninguém se ofende ao ouvir que as calculadoras são mais confiáveis do que a mente humana para somar os itens que compõem uma compra de supermercado. Por outro lado, seria difícil aceitarmos diagnósticos de doenças graves ou incuráveis vindos de uma máquina. Contudo, a ideia de que a automação completa é possível tem se mantido como um trunfo para os empregadores.

A automação só beneficiaria os trabalhadores se a oferta de trabalho fosse distribuída de forma equitativa nas sociedades. Este tem sido o sonho dos coletivistas, um sonho fracassado, pois o trabalho não é mais uma quantidade abstrata agregada à mercadoria, como pensava Marx. Nas sociedades pós-industriais, o trabalho exige diversificação e especialização e, por isso, não pode ser distribuído de forma equalitária.

A única solução é o assistencialismo, os programas de renda mínima para ajudar as massas crescentes de desempregados. Esses programas nivelam por baixo o consumo, atraindo, a médio prazo, a recessão econômica.

O trabalho não desaparecerá. Ele garantirá a renda de alguns, enquanto para outros a vida parecerá um interminável domingo após o almoço. Há também aqueles que se contentam com trabalhos intermitentes, ocasionais. Todos os dias há leilões inversos de tarefas para *freelancers*. Nesses leilões tarefas são oferecidas e arrematadas por quem se propuser a cobrar menos.

A pandemia instituiu o trabalho remoto. Muitas pessoas passaram a receber uma quantidade de tarefas diárias que ultrapassava a jornada regular de trabalho. Muitos fizeram concessões, pois em troca, não tinham de enfrentar as agruras do transporte público ou individual. Eles não perceberam, no entanto, que com a vinda do trabalho remoto, acabaram os intervalos para os cafezinhos, para a prosa no corredor e para o almoço com os colegas. O trabalho remoto é solitário; é uma atividade na qual estamos todos juntos e separados.

O trabalho remoto exige longos esforços de atenção, ininterruptos, e que se sobreponham aos ruídos e distrações domésticas. Nesse tipo de trabalho não há tempo para devaneios. Não foi por acaso que muitos funcionários passaram a apresentar transtornos mentais ligados à exaustão, como o *burnout*, um esgotamento quase irreversível e extremamente incapacitante. A ansiedade, fomentada pelo encurtamento dos prazos, aumentou exponencialmente. A agenda dos psiquiatras transbordou. Contudo, os defensores do trabalho remoto estão convencidos de que, sem ele, o desemprego seria ainda maior e, por isso, muitos o encaram como uma bênção.

A IA é perigosa. Ao tentar nos preservar apenas para empregos mais dignos de seres humanos, ela fomenta a pobreza. O sonho tecnofetichista da diminuição do trabalho juntamente com um aumento da riqueza só poderia se concretizar em uma economia planificada. Diminuir os desequilíbrios na cota individual de trabalho de uma forma mais homogênea não é possível numa economia neoliberal. Estamos cada vez mais longe de um equilíbrio entre trabalho e tecnologia. Como no filme *Blade Runner*, de Ridley Scott, a alta tecnologia conviverá cada vez mais com a miséria e com a vida primitiva da maioria excluída.

Substituir o trabalho humano num planeta com 8 bilhões de habitantes é uma temeridade. No entanto, penso que no futuro haverá um ajuste aproximado entre a oferta de mão de obra e a automação. A razão para isso é a longevidade. Em vários países, principalmente na Europa, a expectativa de vida está aumentando, embora a barreira dos 90 anos, quando 50% das pessoas desenvolvem o Alzheimer, ainda seja difícil de superar. Essas barreiras estabelecem limites inevitáveis para a vida útil da maioria dos idosos e os obriga a se retirarem do mercado de trabalho, abrindo novas vagas.

Paralelamente à longevidade, que retira muitas pessoas do mercado de trabalho, há outro fenômeno demográfico: a diminuição dos casais que desejam ter filhos. As estimativas apontam para um crescente desequilíbrio demográfico entre a população mais velha e os mais jovens. Em 2050, haverá duas pessoas com mais de 65 anos para cada uma entre zero e quatro anos. Estamos vivendo mais e tendo cada vez menos filhos.

À medida que essas duas tendências se mantiverem nas próximas décadas, a escassez de mão de obra para realizar tarefas físicas e mentais terá de ser suprida pela automação. A inteligência artificial ajudará a manter níveis elevados de produtividade, tanto de bens como de serviços, para que um planeta que tende a ser despovoado possa prosperar. Em outras palavras, num planeta de idosos que não trabalham e com poucos jovens, as inteligências artificiais ocuparão vagas de emprego para as quais não haverá candidatos.

Mas o trabalho não desaparecerá tão cedo. Os tecnoutopistas, que defendem um mundo sem trabalho, exageram nas suas previsões. O trabalho sobreviverá nos setores nos quais ele for mais barato do que as tecnologias que podem substituí-lo. Alguns países da Ásia oferecem mão de obra em grande quantidade, e, por isso, barata. Por essa razão, eles passaram a receber parques industriais do ocidente, configurando proletariados remotos.

Além disso, há tarefas que parecem resistir à automação. É muito mais fácil programar uma máquina para jogar xadrez ou fazer cálculos de engenharia do que para arrumar uma cama de hotel.

E como um grupo de robôs poderia organizar e executar uma mudança de casa? Subir escadas, selecionar e empacotar objetos para, em seguida, carregá-los até um caminhão?

É possível que, no futuro, robôs desse tipo possam ser construídos. Mas eles seriam tão complexos e caros que a nossa tendência será deixar esse tipo de tarefa a cargo de seres humanos.

***

No Brasil, vivemos uma cultura excessivamente voltada para a política. Acreditamos que todos os problemas do país podem ser resolvidos por meio de decisões políticas e pela aprovação de leis. "Tudo é política" é uma espécie de lema implícito de quase todos os brasileiros. Mas já está na hora de entendermos que precisamos discutir que tipo de tecnologias queremos e não simplesmente engoli-las goela abaixo enquanto são inventadas. Não podemos ser somente consumidores maravilhados. Será que queremos a automatização das nossas fábricas? Em que grau? Será que queremos a substituição total dos motoristas por carros autônomos? Estamos preparados para o desemprego que essas tecnologias trarão? Como regulamentar o trabalho uberizado?

Nosso país nunca foi entusiasmado pela tecnologia, com exceção de alguns *nerds* e *geeks*. Reagimos a quase todos os problemas editando leis. A substituição do ser humano pela tecnologia está prevista na Constituição de 1988, que no artigo 7º, sobre os Direitos Sociais, inciso XXVII, garante aos trabalhadores desempregados "a proteção contra a automação na forma da lei". É mais fácil aplicar um dispositivo constitucional do que investir em tecnologia.

Como afirmou o antropólogo Claude Lévi-Strauss (1908-2009), somos um país "menos exótico do que obsoleto". Será muito humilhante para nós se um dia esse dispositivo constitucional for invocado e aplicado.

LONGEVIDADE

Atualmente no Brasil, há uma campanha antirracista, uma campanha contra a misoginia e uma tentativa de recuperar os direitos dos povos originários. As ações afirmativas nunca estiveram tão presentes na mídia. Fala-se até de gordofobia, o preconceito contra os obesos. No entanto, pouco ou nada se fala de outro preconceito devastador: o etarismo, a discriminação aos mais velhos. O Brasil é uma sociedade dominada pelos jovens. Os idosos não fazem parte da paisagem humana no Brasil. Mas nem todos podem ser jovens, bonitos e bronzeados como é a norma implícita na sociedade brasileira.

A longevidade é um troféu que a medicina contemporânea ostenta, o símbolo do alto grau de desenvolvimento de um país. Em muitos lugares, a média de vida se aproxima de 90 anos ou mais. Nos próximos anos, a medicina dará saltos gigantescos, o que fará esse número se tornar ainda maior. Há um projeto mundial que visa reunir e comparar prontuários dos hospitais. É o BIG DATA aplicado à medicina. Algoritmos que aprendem poderão fazer revelações surpreendentes sobre esses dados. A inteligência artificial diminuirá o tempo dos diagnósticos e compilará toda literatura científica produzida diariamente, mantendo os médicos sempre atualizados. Viveremos ainda mais.

Contudo, viver cada vez mais, ampliar o período entre o início da aposentadoria e o fim da vida, está quebrando todos os sistemas previdenciários. Nesse período, os idosos permanecem no esquecimento, numa espécie de limbo, e só voltam a ser lembrados, fugazmente, quando morrem. Esse período é verdadeiramente a velhice, pois corresponde à segregação que antecede a morte.

O aumento da longevidade combinado com a diminuição do número de nascimentos está nos empurrando para um abismo social. Muitos idosos para sustentar, poucos jovens trabalhando e contribuindo com a previdência. O constrangimento por viver mais do que o esperado, e de consumir sem repor, assola muitos aposentados em idade avançada. O fardo econômico é imenso.

Essa é, provavelmente, a causa não confessada para o etarismo. O idoso é visto com o rabo dos olhos, como aquele que vive à custa dos outros, sem trabalhar, como se viver mais anos fosse algo imoral. Chamamos de "velhos" os idosos dos quais não gostamos. Eles se gabam de que o vivido antes sempre foi superior aos desafios do que se vive hoje. Além disso, uma característica comum a quase todos os velhos é não saber lidar com a tecnologia.

No Brasil, não é fácil ser idoso. O consumo é preferencialmente dirigido ao público jovem. Quem assistir a um canal de TV brasileiro no exterior terá a impressão de que somos um povo primaveril, lindo e bronzeado. Mas esse cenário está mudando. Estima-se que, em poucas décadas, a pirâmide etária brasileira vai mudar. Não estamos nos preparando para essa nova realidade que já ocorre em alguns países.

As consequências econômicas do envelhecimento podem ser brutais, a começar pela redução do consumo. Os *baby boomers*, a geração nascida após a Segunda Guerra Mundial, está se aposentando agora e, com isso, milhões de pessoas com bom poder aquisitivo diminuirão seu padrão de consumo. Pessoas idosas não compram casas, móveis e dificilmente abrem novas empresas. Elas tendem a preservar o dinheiro poupado para a aposentadoria em investimentos conservadores, que pouco movimentam a economia. A previsão é que isso contribuirá para uma nova recessão que atingirá, nas próximas décadas, a economia da Europa e dos Estados Unidos, arrastando com elas muitos países em desenvolvimento.

Essa situação já foi prevista por economistas e até por escritores. O economista austríaco Friedrich von Hayek (1899-1992) previu no livro *A constituição da liberdade* (1920) que campos de concentração para idosos incapazes de se manter seriam inevitáveis no futuro. O escritor francês Boris Vian (1920-1959), no seu livro *L´arrache-coeur* (1953), imagina uma situação bizarra: uma feira onde os velhos pobres são vendidos em leilão e os pais os compram para divertir seus filhos em troca de casa e comida.

No clássico *A velhice* (1970), a filósofa e escritora Simone de Beauvoir (1908-1986) observa que a velhice não é uma experiência íntima, em primeira pessoa, embora envolva um eu interior. Nosso eu interior, a bordo do nosso corpo, não envelhece nunca. Podemos sempre acrescentar lembranças e vivências ao nosso eu interior, mas não sentimos que ele envelhece. O sentimento de subjetividade nunca parece se modificar. A velhice é imposta de fora para dentro. São sempre os outros, aqueles que nos encontram de vez em quando, que acham que ficamos mais velhos.

A velhice globalizada é um imenso problema social, sobretudo quando muitos idosos, a partir dos 80 ou 90 anos, perdem sua autonomia. Vários deles já sofreram quedas e perderam a locomoção, outros enfrentam o Alzheimer. Quando a velhice ingressa nessa etapa, os idosos passam a depender de enfermeiras geriátricas e de cuidadores.

As consequências são devastadoras. Esses idosos perdem suas casas e passam a viver em espaços restritos, em uma longa fila de espera para a morte na qual a assistência se confunde com segregação. Milhões de idosos passam seus últimos anos fitando o nada, pacificados por telenovelas e calmantes.

O prolongamento da senescência faz com que as pessoas nasçam em uma época e morram em outra. Morrem em um mundo diferente, que não são capazes de compreender. Um outro universo substitui o seu e, por isso, a velhice parece estar, inevitavelmente, acompanhada de uma sensação de exílio.

Uma vida de 200 anos, como é projetada pela medicina atual, significa ampliar drasticamente nosso período de senescência e, assim, manter os idosos por mais tempo fora da humanidade. Adiar a morte pode trazer certo conforto para alguns idosos, mas não a serenidade equivocadamente atribuída a eles.

Sabemos que somos mortais, mas não temos nenhuma experiência íntima, em primeira pessoa, da mortalidade. Ela também é atribuída de fora para dentro como algo geral, abstrato, indefinível, e da qual só temos algumas experiências tão efêmeras quanto assustadoras, que às vezes ameaçam nossa vida.

Da mesma maneira que a subjetividade, a morte é inescrutável. Nada define o que é a subjetividade e, da mesma forma, nada pode nos explicar o que é a morte.

Viver em média 200 anos significaria ampliar dramaticamente a janela de tempo que nossas vidas estão habituadas a ocupar. Como seriam reconfiguradas nossas expectativas em relação a nossos futuros individuais? Como seria nossa percepção da história? Será que perceberíamos, finalmente, que a história é uma reedição indefinida de um mesmo passado? Provavelmente, a vida seria ainda mais monótona para aqueles que não precisam enfrentar a tarefa trágica de garantir sua subsistência diária.

Mas, há ainda outra questão. Será que a longevidade é realmente desejável nas sociedades contemporâneas? Será que se pudéssemos, por meio de uma medicina avançada, eliminar os sintomas da senescência, aceitaríamos que os idosos continuassem trabalhando? Ou eles seriam, inevitavelmente, rechaçados para um passado ultrapassado? Há um paradoxo nessas questões. Por que prolongar a vida dos idosos para depois os segregarmos?

***

Por que os jovens têm mais facilidade para interagir com dispositivos digitais do que os adultos e os idosos? É inegável que a plasticidade do cérebro de uma criança e de um jovem é muito maior do que a de um adulto. Sempre soubemos que é recomendável aprender línguas estrangeiras desde cedo. Mas, no caso das máquinas digitais, há algo a mais. Há uma espécie de entrosamento com elas, que vai além do treinamento. Um traço marcante desse entrosamento é o fato de que, atualmente, as crianças aprendem a digitar sem ter de frequentar uma escola de datilografia, como ocorreu com pessoas da minha geração. O inglês também é facilmente assimilado, motivado pela curiosidade em saber o conteúdo de vídeos e de *sites* da internet.

Penso que uma hipótese para explicar o surgimento dessas habilidades pode ser encontrada na epigenética. A epigenética é uma nova disciplina da biologia, que estuda as modificações das características dos organismos por meio da transmissão de experiências que passam de pais para filhos.

A herança epigenética não modifica a espécie, apenas algumas gerações, pois nela não ocorrem mudanças profundas que alterariam o DNA de um organismo de forma permanente. A epigenética é uma forma elegante de reintroduzir o lamarckismo na teoria da evolução.

Se a epigenética estiver correta, filhos de pais que interagiam com máquinas têm mais facilidade para se entrosar com elas, embora essa não seja uma característica que ficará permanentemente gravada no seu DNA. Isso significa que a espécie humana não se tornou mais digital, mas que apenas há gerações mais digitais do que outras. Desde a invenção do computador pessoal, há 30 anos, pelo menos duas gerações já passaram. Pessoas como eu, da geração dos *baby boomers,* só nas últimas décadas passaram a interagir cotidianamente com máquinas. A mesma situação ocorre com as gerações que me precederam. Ou seja, somos gerações descendentes de analfabetos digitais e, por isso, com poucas chances de nos entrosarmos com essas tecnologias. Não é por acaso que, até para instalar uma *Smart TV,* pessoas mais idosas se atrapalham.

Essa é uma situação preocupante. As sociedades contemporâneas tentam quebrar todas as barreiras que existem:

de cor, de gênero, de credo religioso, de classe social. Mas não a barreira de idade. Com o aumento da longevidade, as sociedades passaram a ser divididas em gerações, que podem facilmente ser identificadas pelo seu discurso ideológico. A inaptidão tecnológica permeia quase todas elas, e se tornou um motivo para rechaçar os idosos para um passado ultrapassado. O idoso não tem condições de acompanhar a corrida tecnológica e se torna motivo de riso para os mais jovens. Como afirmou Simone de Beauvoir, os velhos são párias. Eu acrescentaria: a maioria são párias tecnológicos.

Nos próximos anos, haverá uma grande reconfiguração tecnológica do trabalho. O trabalho humano ficará cada vez mais irrelevante. Mas, ao mesmo tempo, aparecerão novas profissões. Talvez os jovens pudessem aproveitar sua herança epigenética e oferecer tutoriais individualizados para auxiliar os idosos a se entrosarem com a tecnologia.

Há uma oferta muito pequena de tutoriais tecnológicos para a terceira idade e as escolas para idosos que têm essa proposta são deprimentes. Parecem antigas escolas de datilografia com o teto manchado por várias infiltrações ou manchas de umidade. Todos que estão sentados diante de computadores obsoletos recebem um subsídio pago por programas governamentais.

A vantagem dos jovens cuidadores digitais seria o fato de não precisarem se preparar muito para exercer essa nova profissão. Certamente, a maioria dos idosos que optarem por aulas particulares não poderão pagar muito, mas penso que é melhor ser um cuidador digital do que dirigir um Uber. E, quem sabe, da próxima vez que eu tentar falar com meu tio, seu celular não esteja desligado por ter baixado tantos joguinhos que agora não sabe como se livrar.

A MORTE BANALIZADA

Você já imaginou se um dia a sua vida dependesse da decisão de uma inteligência artificial? De uma máquina que decidisse quanto tempo de vida ainda lhe sobra? Pois bem, isso já ocorre.

Recentemente, estive lendo sobre um *software* chamado APACHE, que é utilizado para gerenciar a disponibilidade de leitos nas UTIs dos hospitais. Esse *software* desliga automaticamente os aparelhos dos pacientes em coma, com base em informação estatística acerca da sobrevida média de milhares de pacientes internados com patologias semelhantes. O APACHE é alimentado e atualizado constantemente por meio de técnicas de BIG DATA procedentes de múltiplas UTIs de vários Estados, de forma que suas decisões decorrem do contexto mais geral possível.

Esse tipo de tecnologia parece se confrontar com nossas intuições morais mais primitivas. Será aceitável delegar a uma máquina a decisão de interromper uma vida humana? Provavelmente, o APACHE é um alívio para os médicos, pois transforma decisões morais em decisões técnicas. O desconforto psíquico de ter de decidir pelo desligamento das máquinas de suporte à vida também é aliviado. Mas o que pensarão as famílias que têm algum de seus membros em estado terminal numa UTI? E o que pensam as famílias que têm um membro aguardando, urgentemente, uma vaga na UTI? Teríamos uma máquina que nos liberta da angústia da responsabilidade moral, uma angústia que agora se mostraria desnecessária, com a esperança de que outros problemas bioéticos se transformassem, em breve, em problemas técnicos.

Conversei com várias pessoas sobre esse assunto e obtive diferentes pontos de vista. Muitas pessoas consideram o APACHE uma monstruosidade. Outras argumentam que ele diminui o sofrimento das famílias de pacientes em coma, quase sempre gerado pelas falsas esperanças de sobrevida de seus entes queridos. Apesar das diferenças, todos concordaram que uma das qualidades indiscutíveis do *software* é a imparcialidade das decisões. Não há favorecimentos. Todos são tratados de maneira equânime.

Penso que o APACHE ilustra uma das características mais estranhas da época em que vivemos. Temos mais confiança em máquinas do que em seres humanos. Criaturas humanas têm fraquezas, são influenciáveis e subornáveis. Muitas pessoas acreditam que, se uma máquina desempenhasse as funções de um juiz de direito, teria a vantagem de ser incorruptível. Uma máquina não seria tendenciosa em relação à raça, cor e gênero dos réus. A automatização dos serviços públicos é bem aceita como uma forma de banir a corrupção. A imparcialidade e a incorruptibilidade das decisões tomadas por máquinas estatísticas como o APACHE são invocadas como um grande benefício para eliminar privilégios indevidos e tornar as sociedades mais justas e democráticas.

O caso do APACHE mostra claramente para onde caminha nossa relação com a tecnologia. As máquinas estão, cada vez mais, se tornando autônomas, ou seja, nosso controle sobre elas é parcial. As tecnologias digitais nos convidam a esquecer de nós mesmos e das nossas responsabilidades. Ninguém mais quer ser responsável por nada. Caminhamos para um estado de "zumbificação", em que estamos abdicando da consciência e do pouco livre-arbítrio que nos resta. É o paraíso dos zumbis, daqueles que querem viver a vida como sonâmbulos despreocupados.

As discussões atuais sobre tecnologia se limitam a tentar adivinhar como será o futuro nos próximos dez ou vinte anos, sobretudo com o desenvolvimento das inteligências artificiais. Mas, ao ler os futurólogos, verifica-se facilmente que nenhum deles faz qualquer referência ao papel que podem ter as escolhas humanas na construção desse futuro. Como zumbis, não nos importamos com os efeitos que essas tecnologias terão sobre nós, e, por isso, oferecemos pouca ou nenhuma resistência ao seu avanço na organização de nossas vidas. Temos uma visão passiva e fatalista do futuro tecnológico que está chegando. A tecnologia nos controla e determinará o futuro da espécie humana. Escolhemos nos tornar dependentes da tecnologia e abdicarmos de tomar nossas próprias decisões. Ou seja, optamos por sermos zumbis.

A imparcialidade da tecnologia é o resultado de uma percepção equivocada, segundo a qual ela é uma ferramenta, algo neutro que não depende de nossos objetivos e valores. Mas essa percepção equivocada está mudando. Percebemos, cada vez mais claramente, que as tecnologias digitais incorporam um histórico de hábitos, preferências e tendências que frequentemente não são explícitos, gerando a ilusão da imparcialidade. Somos nós que estabelecemos os parâmetros para as pesquisas que usam BIG DATA. São essas pesquisas, com esses parâmetros, que alimentam *softwares* como o APACHE.

Esquecemos que a tecnologia é o nosso espelho e que, por isso, ela incorpora, implicitamente, nossos preconceitos, impulsos e valores. Eles estão exteriorizados em máquinas, sobretudo naquelas que são utilizadas para aperfeiçoar as burocracias. A tecnologia é uma expressão do que somos. Temos de aprender a lidar com essa expressão quando a encontramos nas sociedades. A tecnologia segue uma marcha inexorável na história. Mas nossas atitudes em relação a ela não precisam ser tão ingênuas a ponto de não percebermos como seus fabricantes embutem seus valores nas máquinas e inibem as discussões sobre o modo que elas são utilizadas.

Vivemos em sociedades que valorizam mais as máquinas do que os seres humanos. A organização das sociedades complexas se sobrepôs ao bem-estar de seus habitantes. Passamos a acreditar que o bem-estar depende dessa organização e, por isso, precisamos cuidar da tecnologia muito mais do que de nós mesmos. A tecnologia se tornou mais importante do que os motivos pelos quais ela foi inventada, transformando-se em uma prioridade para si mesma.

A discussão sobre a tecnologia tem sido relegada a um segundo plano em nosso país. A grande mídia dirige, quase obsessivamente, as preocupações da maioria da população para o debate político, enquanto a revolução tecnológica progride de forma sorrateira e implacável. É uma manobra ideológica sutil, mas que não poderá durar muito.

***

A medicina está se tornando a profissão na qual a associação e, por vezes, até a substituição de seres humanos por máquinas avança rapidamente. A velha medicina, na qual os médicos apalpavam a barriga dos pacientes para saber se eles tinham apendicite e, no máximo, recorriam a um raio-X, é coisa do passado.

As grandes empresas do Vale do Silício enxergam na medicina uma grande oportunidade para expansão de seus negócios no curto prazo e já desenvolvem inovações para auxiliar o trabalho dos médicos. Uma delas é uma pulseira que monitora os dados do corpo das pessoas como, por exemplo, o ritmo cardíaco, a pressão arterial e a taxa de glicose no sangue. Dados individuais sobre pacientes são estocados em nuvem e poderão estar sempre disponíveis para os médicos nas consultas. Alguns robôs, como o WATSON e o PEPPER, já contêm dados comparativos de inúmeros manuais de medicina e prontuários de pacientes que estiveram em hospitais nos últimos anos. Eles poderão auxiliar os médicos com estatísticas para fazer diagnósticos.

Nos próximos anos, a medicina dará saltos gigantescos. Há um projeto mundial que visa reunir e comparar prontuários dos hospitais do mundo inteiro. É o BIG DATA aplicado à medicina. Algoritmos que aprendem poderão fazer revelações surpreendentes sobre esses dados.

No entanto, essas mudanças têm gerado muitas polêmicas. O risco de desumanização parece ser o ponto fraco de uma medicina baseada na tecnologia. A relação médico-paciente pode ser seriamente comprometida, pois as consultas estão cada vez mais rápidas, durando pouco mais do que o tempo para que os exames sejam prescritos. O contato do médico com o paciente diminuiu muito. Isso se deve, em parte, ao fato de que além de clinicar, os médicos são sobrecarregados com a necessidade de fazerem relatórios hospitalares, preencherem formulários para planos de saúde e outras tarefas burocráticas que, por vezes, consomem muito tempo.

Além dos pacientes, há uma avalanche diária de novos artigos científicos, de novos medicamentos e equipamentos com os quais eles precisam se atualizar. Há sempre muitos doentes para serem atendidos ao mesmo tempo e, por isso, não lhes sobra nenhum tempo para saber quem são seus pacientes, sorrir para eles, dar uma palavra amiga ou um simples aperto de mão.

Já ouvi algumas pessoas se referirem aos médicos atuais como novos burocratas, cuja função é apenas prescrever exames. Certamente, essa é uma sensação desagradável e seria muito desejável que a medicina, apesar das pressões para atender cada vez mais pacientes, fosse mais humanizada. Estamos em uma encruzilhada bioética e precisaremos fazer uma escolha. Queremos médicos mais humanizados ou mais competentes?

A tecnologia ajuda muito a prática da medicina, mas também a dificulta. O médico se transformou em um homem de jaleco branco, sentado atrás de uma mesa, com uma ficha nas mãos, que mal levanta os olhos para cruzarem com os seus. Após ouvir as queixas, ele imprime vários pedidos de exames e já pede para o próximo paciente entrar. O médico se tornou um piloto de escrivaninha, um atravessador entre pacientes e laboratórios clínicos com máquinas sofisticadas. As pessoas não consultam mais os médicos. Elas "passam" pelos médicos.

Não é por acaso que se afirma, hoje em dia, que os médicos logo serão substituídos por inteligências artificiais. Estas, com certeza, nunca abrirão um sorriso para você. E tenho quase certeza de que você não acreditará se uma delas fornecer um prognóstico sinistro para sua doença. O que você fará? Consultará uma segunda máquina, talvez de outro fabricante, com um *software* de outra marca, para ouvir uma segunda opinião? Ou buscará um médico humano na esperança de poder contar com a empatia de alguém diante de uma situação difícil?

Seria ideal se os médicos pudessem reunir essas duas qualidades: a empatia e a competência. Precisamos de médicos competentes, mas, também, capazes de transmitir confiança e dar atenção para seus pacientes. No entanto, isso é praticamente impossível. Não há tempo para reunir essas duas qualidades e, por isso, muitos pacientes se sentem tratados como se fossem apenas organismos e não como pessoas. A medicina beira, então, a veterinária humana.

Para driblar a falta de tempo e as pressões emocionais, os médicos estão usando o GPT-4 para dar más notícias aos seus pacientes e a seus familiares. Imagine agora se um de seus familiares receber a notícia de que seu parente foi desligado das máquinas usando os critérios do APACHE, que recomendou o uso daquela vaga de UTI para alguém com maior chance de sobrevivência. E que a notícia de que seu ente querido acaba de falecer seja transmitida por uma outra máquina, o GPT-4, que finge estar condoída com o que ocorreu. Como alguém se sentirá numa situação dessas? Que tipo de relação médico-paciente será essa? Será que o incômodo de dar uma notícia de falecimento e o tempo poupado delegando essa atividade a uma máquina farão com que a jornada diária dos médicos se torne menos extenuante? Ou será, para a família que recebe essa notícia, outro episódio de uma medicina que se desumaniza cada vez mais? Outro episódio do poeta fingidor de Fernando Pessoa, "que finge tão completamente que chega a fingir que é dor a dor que deveras sente"?

***

Talvez possamos pensar no APACHE de outra maneira. Ele poderia ser uma tecnologia de suicídio assistido. Não evoluímos muito nessa área.

Uma das poucas invenções de que dispomos hoje é o "óbito voluntário", que foi legalizado na Austrália com o nome de "Lei do ato terminal".

O óbito voluntário era praticado, na década de 1990, por uma máquina criada pelo médico Philip Nitschke (1947-). Quando o paciente era ligado a essa máquina e clicava em "SIM", ele era informado de que tinha nove dias e mais 30 segundos finais para decidir se receberia uma injeção letal. Esse prazo era dado para que o paciente pudesse reconsiderar sua decisão e, mesmo no momento final, quando faltassem apenas 30 segundos para receber a injeção letal, pudesse revertê-la.

Foi o que ocorreu com um dos pacientes. Durante nove dias ele manteve o ponto de vista de que seu suicídio seria benéfico e encerraria um longo sofrimento, mas, no momento final, quando foi avisado pela máquina que faltava apenas meio minuto para receber a injeção letal, resolveu abortar o processo.

Não temos nada semelhante à "Lei do ato terminal". Temos de nos contentar em ir para a Suíça para podermos tomar uma injeção letal.

VEÍCULOS AUTOPILOTADOS

Imagine uma greve dos caminhoneiros com imagens diferentes das que você está acostumado a ver na sua televisão. Os caminhões circulando pelas estradas, sem ninguém no volante. Os caminhoneiros sentados no chão, bloqueando o acostamento. É um cenário bizarro. Mas é muito provável que ele se torne real nas próximas décadas. A profissão de motorista está na lista das que serão extintas.

Os carros e caminhões autopilotados ou autônomos virão da fábrica sem volante e sem pedais. Com GPS e sensores altamente sofisticados, eles dispensarão os motoristas. Grandes empresas de tecnologia, como a Tesla, a Apple e a Google, estão investindo fortunas nesse projeto. Alguns protótipos já circulam em alguns países como os Estados Unidos, Alemanha, Emirados Árabes e outros.

O que farão os governos para administrar o desemprego em massa? O que ocorrerá num país como o Brasil, no qual sequer a profissão de cobrador de ônibus e de frentista de posto de gasolina pode ser extinta por servir de sustento para tantos trabalhadores?

A profissão de motorista interessa a muitos governos. Dirigir um táxi tem sido, até agora, uma alternativa temporária e às vezes definitiva para desempregados e imigrantes. Cada vez mais aposentados complementam seus rendimentos trabalhando como taxistas.

Nos Estados Unidos há 3,5 milhões de caminhoneiros que trabalham por conta própria. O preço do diesel subiu 22% em 2017. Com medo dos veículos autônomos, ninguém reclamou. A promessa de não implementar os carros autônomos no curto prazo será, provavelmente, utilizada como plataforma política nas eleições e será moeda de troca em negociações com congressistas e sindicatos.

Os efeitos da implementação de carros autônomos são imprevisíveis. O automóvel deixaria de ser um bem individual e se tornaria mais um tipo de transporte público. O modelo a ser adotado seria o carro por assinatura autopilotado. Tudo se passaria como se cada um tivesse um motorista particular para levá-lo e trazê-lo de casa para o trabalho ou a qualquer outro lugar da cidade. Se você tiver outro compromisso durante o dia, bastaria chamar um carro autônomo para levá-lo e depois buscá-lo de volta.

A necessidade de estacionamentos diminuiria dramaticamente com o uso de carros autônomos e seus terrenos poderiam ser reaproveitados para a construção de edifícios. As áreas de estacionamento dos *shoppings*, muitas vezes maiores do que o próprio espaço ocupado pelas lojas, seriam reaproveitadas e usadas para outras finalidades. Em poucas palavras, o carro autônomo pode levar a uma reconfiguração ampla das grandes cidades. Mas será que os grandes especuladores imobiliários desejam essa imensa transformação do solo urbano? Uma superoferta de espaços que faria o preço dos terrenos despencar?

Atualmente, há cerca de um bilhão de veículos a combustão interna no planeta. Todos têm sido, até agora, pilotados por seres humanos. O que faremos com eles quando todos se tornarem apenas sucatas e forem substituídos por carros elétricos autônomos? Onde depositá-los para serem reaproveitados? E qual será o custo dessa operação gigantesca? E a profissão de motorista se tornará obsoleta como a de limpador de chaminé?

Aprender a dirigir um carro e tornar-se motorista deixará de ser um ritual de passagem para a vida adulta como ocorre hoje em dia com os adolescentes. A carteira de motorista é um ícone ligado à responsabilidade que começa, oficialmente, aos 18 anos. Mas esse ícone desaparecerá.

De todas as inteligências artificiais, o carro autônomo é a que poderá gerar mais controvérsias jurídicas e éticas. Se ele transgredir uma regra de trânsito, quem deverá ser multado? O fabricante ou o usuário que, por estar distraído, não interferiu? Uma infração pode ser convertida em apenas um erro, um defeito esporádico de uma máquina. Mas, e no caso de um atropelamento ou de uma colisão que envolva mortos e feridos?

O primeiro acidente envolvendo um carro autônomo, em 2016, causou a morte do piloto de provas Joshua Brown, que estava a bordo para acompanhar os testes preliminares do modelo Tesla S. O carro percorria uma estrada usando câmeras, radar, sensores ultrassônicos e um *software* sofisticado. Infelizmente, o sistema de navegação automática do carro não foi capaz de distinguir entre o azul-claro do céu e a carroceria, também azul-clara, de um trailer que atravessou na frente. O carro continuou sua trajetória como se ela estivesse livre e acabou esmagado sob o trailer.

Dirigir um carro implica tomar decisões cruciais em frações de segundos. Por isso, dizemos frequentemente que elas são resultado de um reflexo. Em alguns casos, a ação reflexa embute um cálculo ético instantâneo e quase inconsciente. Preferimos atropelar alguém que atravessa a rua para não jogar o carro sobre uma calçada na qual há várias pessoas esperando por um ônibus. Um motorista humano pode sempre escolher se ele deve frear bruscamente um ônibus quando um pedestre atravessa a rua na sua frente. Frear bruscamente um ônibus urbano pode ferir os passageiros, sobretudo os que viajam em pé. Ou pode causar um engavetamento de muitos veículos, com vários mortos e feridos. Será válido programar o carro autônomo para atropelar um motociclista de capacete de preferência a um sem capacete se a situação exigir? Em outras palavras, será que poderemos programar um carro autônomo para realizar essa escolha ética sempre que ela for necessária?

Tecnicamente, uma máquina é incapaz de livre-arbítrio. Mecanismos seguem as leis da natureza e não tomam decisões por conta própria. Nesse caso, punir uma máquina por uma ação inadequada soa tão ridículo como punir um liquidificador. A responsabilidade moral por um ato inadequado é desconsiderada ou, no máximo, pende em direção ao proprietário dessa máquina ou a seu fabricante. Mas, no caso de um veículo autopilotado, existe a possibilidade de ele aprender a partir dos dados que ele absorve do meio ambiente. Em outras palavras, se uma máquina é autônoma, mas não é um agente moral capaz de tomar uma decisão, como poderíamos responsabilizá-la por alguma ação? Teria cabimento responsabilizá-la por um dano ou estaríamos apenas diante de um caso parecido com o do liquidificador? Teremos de conviver com esse vácuo jurídico e ético?

Há vários protótipos de carros autônomos sendo testados, mas ainda não sabemos como eles se comportarão quando tiverem de dividir o espaço das ruas com carros pilotados por humanos e com outros veículos autônomos. As companhias de seguro enfrentarão o problema de definir os riscos dessa nova tecnologia. O valor das apólices refletirá o quanto poderemos confiar nessas máquinas.

***

Nenhuma tecnologia será tão destrutiva quanto a inteligência artificial dos veículos autopilotados. Calcula-se que existam, no mundo, 150 milhões de motoristas profissionais que poderão perder seus empregos.

Há crimes e acidentes envolvendo essas IAs, mas não temos nenhum dispositivo para penalizá-las. Não existem prisões para IAs e robôs.

Perdemos a confiança naquilo que costumava ser nosso senso comum e nas nossas habilidades básicas para a sobrevivência. Como podemos esperar que nós, vivendo em sociedades de controle total, desenvolveríamos nossa imaginação para inventar máquinas dotadas de livre-arbítrio e tomar suas próprias decisões? Pode um cérebro determinista construir um dispositivo indeterminista? Atualmente, as máquinas aprendem, absorvem diariamente novas informações e, por isso, não somos mais capazes de prever inteiramente seus comportamentos. Contudo, isso não quer dizer que elas têm livre-arbítrio e que são, por isso, agentes morais. Elas não são máquinas deterministas, mas isso é muito diferente do que afirmar que seus comportamentos são deliberados.

Nossos cérebros também são dispositivos físicos deterministas. Mas de onde vem nossa sensação de liberdade? Nosso cérebro também aprende e incorpora dados novos, então, será daí que surge nossa sensação de liberdade? A não ser por essa sensação, que pode ser equivocada, nossos cérebros não diferem muito de nossas máquinas criadas por ele. Como podemos conciliar o determinismo dos processos cerebrais e do comportamento das máquinas com a ideia de liberdade, tão cara e tão importante para o ordenamento jurídico e moral das sociedades?

As máquinas não são deterministas. Mas, tampouco deliberam. Seres humanos são livres e deliberam. Isso faz com que as máquinas estejam um grau a menos numa escala que varia do determinismo mecânico a uma escolha deliberada. Como máquinas não deterministas não deliberam, a responsabilidade pelos seus atos deveria ser direcionada a seus donos ou fabricantes. No caso dos seres humanos, a liberdade vem acompanhada da deliberação e da responsabilidade. Seres humanos são sujeitos jurídicos, agentes morais plenos, capazes de deliberarem e de assumirem responsabilidades, a não ser que seu cérebro esteja avariado ou se sofrer de uma patologia mental grave. Por isso, afora essas exceções, as ações humanas devem sempre ser consideradas livres e quem as executa deve sempre ser responsabilizado. Mas será que isso significa que a liberdade humana é uma ruptura das leis da natureza e que nossos cérebros não podem ser considerados máquinas determinísticas ou semideterminísticas?

Por que existe essa diferença entre a ação humana e outros tipos de ações executadas por máquinas? Por que podemos acreditar nela apesar de os cérebros humanos não romperem com as leis da natureza, o que seria fisicamente impossível? A liberdade é uma construção social da qual as máquinas não participam. O grande neurobiólogo Michael Gazzaniga (1939-), um dos fundadores da neurociência cognitiva, argumenta que a liberdade não deve ser buscada no interior do cérebro, pois ela é uma construção social que resulta da convivência e interação de vários cérebros entre si. A liberdade é uma propriedade emergente dessa interação.

Vimos, no primeiro capítulo, como a solidez e a impenetrabilidade são propriedades emergentes da água quando ela é refrigerada a uma temperatura inferior a 0 grau centígrado. É bem provável que, para produzir a solidez, cada um dos átomos da água tenha de sofrer uma alteração. Entretanto, "ser sólido" não parece ser uma propriedade que poderia ser aplicada individualmente a cada um dos átomos da água, pois não parece fazer sentido dizer que "um átomo é sólido", embora cada um deles concorra para a produção da propriedade "ser sólido". Neste sentido específico, solidez é uma propriedade emergente da água quando ela é transformada em gelo.

Da mesma maneira, a interação entre vários cérebros nos grupos sociais poderia produzir a liberdade, embora "ser livre" não seja uma propriedade específica de cada um deles. Além da liberdade, o mesmo vale para as ideias de nação e de dinheiro, que são construções sociais fundamentais para grupos humanos. Construções sociais das quais as máquinas não participam e que as condenam ao determinismo ou ao semideterminismo. Sartre afirmou que estamos condenados à liberdade. Afirmo que a liberdade é uma invenção da qual não podemos nos livrar.

HEIDEGGER E A INTELIGÊNCIA ARTIFICIAL

Poucos filósofos atacaram tanto a tecnologia como Martin Heidegger (1889-1976). Heidegger era um tecnófobo. Ele não aceitava sequer usar uma máquina de escrever, pois achava que ela suprimiria a caligrafia, uma marca inegável da individualidade.

Heidegger foi um opositor da IA. Ele sustentava que a IA seria o fim da filosofia, e que a reflexão, principal característica do ser humano, sucumbiria à transformação do pensamento e da linguagem em operações mecanizáveis.

Em 1953, numa conferência proferida na Escola Superior Técnica de Munique, Heidegger abalou a comunidade filosófica europeia. A conferência, que se tornaria o ensaio "A questão da técnica", alertava para os perigos da tecnologia e a possibilidade de um futuro apocalíptico para a humanidade. O tom do ensaio refletia o clima sombrio do início da Guerra Fria e do temor de um novo holocausto nuclear após as bombas atômicas que marcaram o final da Segunda Guerra Mundial, em 1945, com a destruição de Hiroshima e Nagasaki.

Heidegger antecipava consequências catastróficas para a inteligência artificial (que na época era chamada de cibernética). A inteligência artificial era, para ele, o produto mais assustador da tecnologia moderna, pois ela levaria, inexoravelmente, à desaparição do pensamento e da reflexão. A inteligência artificial seria o fim da filosofia, a substituição gradativa da reflexão pelo pensamento operacional.

No seu ensaio, Heidegger não considerou os aspectos positivos da tecnologia e como sua ausência pode se revelar desastrosa. A peste negra causou, entre 1347 e 1351, a morte de 200 milhões de pessoas na Europa, quando a população total do planeta não passava de 450 milhões de habitantes. E o que dizer, então, da anestesia odontológica? E das vacinas para a covid-19? A maioria das conquistas da medicina contemporânea, sobretudo na área de diagnóstico, só se tornou possível graças à informatização da medicina.

Nunca concordei com Heidegger, mas, também, nunca consegui discordar totalmente de suas afirmações. Heidegger afirmou que perdemos o controle sobre a tecnologia. Essa afirmação foi contestada por filósofos de várias partes do mundo, como Andrew Feenberg (1943-) e o brasileiro Álvaro Vieira Pinto (1909-1987) na sua obra monumental *O conceito de tecnologia,* publicada postumamente em 2005.

Acredito que, desde o início do século XXI, há outro sentido para a ideia de que não detemos mais o controle da tecnologia. A palavra "tecnologia", por oposição ao simples termo "técnica", é um vocábulo inventado em 1802 pelo professor de economia da Universidade de Göttingen, Johann Beckmann (1739-1811). Ele repensou o conceito tradicional de técnica e enfatizou o caráter essencialmente sistêmico da tecnologia. As diversas técnicas, quando interconectadas, formam o que chamamos de tecnologia.

Todas as nossas máquinas dependem da eletricidade, que não seria possível sem as barragens das hidrelétricas.

Para construir essas barragens são necessários tratores, que são movidos a gasolina ou diesel, cuja existência depende da mineração do petróleo e cuja fabricação também depende da eletricidade. Será que ainda detemos controle sobre essa vasta rede, que nos próximos anos será controlada pela IoT, a internet das máquinas e dos objetos? Será que ainda teremos controle sobre a internet?

Atualmente, há computadores que escrevem seus próprios códigos, imitando a evolução biológica e selecionando as melhores linhas, criando mutações e eliminando as que não dão certo. Há algoritmos capazes de aprender e de computar gigantescas quantidades de dados, tornando seus resultados imprevisíveis. Os computadores não fazem apenas aquilo a que foram programados, como se acreditava antigamente. Heidegger não viveu o suficiente para presenciar todas essas transformações.

Será que ainda temos o controle da tecnologia? Será que podemos confiar nela? Será que podemos delegar nossas vidas às máquinas? Talvez a tecnologia esteja se tornando a maior ameaça planetária, comparável apenas à mudança climática. Ainda não calculamos a diferença entre custos e benefícios proporcionados pelo parque tecnológico numa escala global. É provável que essa conta nos assuste e mostre que estamos caminhando para um abismo.

A rejeição à tecnologia tem raízes históricas profundas. Na Inglaterra do século XVIII, havia bandos de operários que invadiam as fábricas, principalmente as tecelagens, chamados de luditas. Era uma pequena multidão que perdera seu emprego para as novas máquinas que surgiam com a

Revolução Industrial. O nome ludita se referia a uma figura legendária que estaria por trás desses ataques, um certo comandante Ned Ludd.

Naquela época, como em todas as outras pelas quais passou a humanidade, havia um ar de revolta em toda a Europa. Cerca de 20% da população de Paris morava em barracos. Na metade do século XIX, Londres era uma metrópole cercada por favelas. No verão de 1858, ocorreu o Grande Fedor. O sistema de esgotos estava sendo construído, mas ainda não estava inteiramente adaptado para suportar privadas com descargas. O excesso de dejetos sobrecarregou as fossas e as galerias pluviais ligadas ao rio Tâmisa. O odor se tornou insuportável, forçando muitas pessoas a abandonarem a cidade.

A tecnologia só beneficiava uns poucos barões da indústria. Ela não diminuiu a jornada de trabalho, não impediu a degradação urbana nem o aumento da criminalidade. Será que os luditas tinham razão?

O horror à tecnologia se tornou ainda mais agudo durante o século XX. Depois da Segunda Guerra, os Estados Unidos e a antiga União Soviética desenvolveram um complexo militar-industrial-científico que levou à produção de armas nucleares e o temor de um holocausto em escala mundial. Elas foram se tornando inúteis, pois a destruição em massa se tornou suicídio coletivo. Isso sem falar de acidentes fatais como o de Chernobyl.

Um dos episódios mais marcantes na história da rejeição à tecnologia ocorreu nos Estados Unidos, quando o PhD em matemática Ted Kaczynski (1942-2023) publicou, no início dos anos 1990, o "Manifesto Unabomber" ou "A sociedade industrial e seu futuro", no qual ele defende que deveríamos abandonar a tecnologia, pregando a vida simples e a volta à natureza.

Kaczynski cometeu vários atos de terrorismo que o levaram a ficar conhecido como o "Unabomber". Ele detonou 16 bombas e matou 3 pessoas, além de ferir outras 23. Kaczynski foi preso, considerado mentalmente insano e condenado à prisão perpétua. No seu "manifesto", ele argumentava que a tecnologia tinha deixado de ser algo opcional e se tornado algo imposto à vida das pessoas.

Kaczynski parece estar certo quanto a essa afirmação. Estamos enredados na tecnologia e nossas sociedades são concebidas de forma a aceitarmos que elas sejam consideradas não apenas necessárias, mas que estejam se tornando imprescindíveis. Não é apenas o carro que se tornou necessário porque precisamos nos mudar para um subúrbio. São também os atuais octogenários, que por mais da metade de suas vidas nunca precisaram de um *smartphone*, precisam agora adquirir um e, com muita dificuldade, aprender a usá-lo para poder receber sua pensão numa conta bancária. Nossa percepção da tecnologia atual confunde não apenas o necessário com o imprescindível, como também a necessidade com imposição autoritária. Daí a sensação de que a tecnologia é uma rede da qual não podemos escapar.

Há outros motivos para rejeitar a tecnologia, além dos alegados por Kaczynski. Um deles é a crescente necessidade energética criada pela expansão da internet. Poucos de nós sabemos que a necessidade de recarregar as baterias de um único *smartphone* consome, anualmente, o equivalente em eletricidade para manter duas grandes geladeiras domésticas permanentemente ligadas. Manter os servidores da Google ligados e resfriados consome o equivalente à iluminação de uma cidade como Los Angeles. Recentemente, esses servidores foram acomodados no fundo do oceano, como uma tentativa de diminuir os custos de refrigeração e aumentar sua segurança.

A chegada da IoT, ou "internet das coisas", vai exigir uma nova expansão da Internet e mais gastos com eletricidade, que levará a um aumento da emissão de dióxido de carbono na atmosfera, contribuindo para o aquecimento global e o descontrole do clima. Atualmente, a emissão de dióxido de carbono, que resulta do uso e manutenção dos dispositivos digitais, equivale à emissão produzida pela aviação comercial no mundo inteiro.

Uma maneira de diminuir o consumo de eletricidade necessário para manter os servidores em funcionamento seria limitar o número de imagens transmitidas na rede. Mas ninguém está disposto a estabelecer esse tipo de restrição, sobretudo depois que se descobriu o papel fundamental das imagens na propaganda. As imagens também induzem ao fanatismo político e religioso com mais facilidade. O resultado de uma *web* cada vez mais imagética é a enxurrada de poluição mental, a nova invenção do século XXI. Mas, haverá como reverter essa situação?

O primeiro passo consiste em perceber que não dependemos inteiramente dessas tecnologias. Elas são importantes, mas talvez não sejam prioritárias para a organização das sociedades. Em outras palavras, a vida é possível sem elas. Da mesma forma que já ocorreu na indústria alimentar, é possível traçar caminhos alternativos. Nas últimas décadas, muitas pessoas se inclinaram a rejeitar a comida industrializada e optaram pela volta dos alimentos orgânicos. É possível que o mesmo ocorra com as tecnologias digitais e que novas formas de organização das sociedades e das comunicações, menos totalizantes, comecem, pouco a pouco, a substituir o império da digitalização.

Um dos sintomas mais interessantes é a volta dos livros impressos, após um ápice dos *e-books*. Ao mesmo tempo, muitas pessoas estão, voluntariamente, abandonando as redes sociais e procurando novas formas de agrupamento e de convivência. Isso inclui a retomada da leitura, do silêncio e da solidão, atualmente abandonados pela necessidade de responder a estímulos digitais incessantes.

***

Antes de Heidegger, o sociólogo Max Weber (1864-1920) detectou que o desencantamento, uma espécie de melancolia generalizada, seria um efeito colateral inevitável da expansão da tecnologia.

O filósofo belga Gilbert Hottois (1946-2019) observou que o ser humano de outrora, por meio de suas relações sólidas com a natureza, retirava espontaneamente a impressão de um certo mistério do mundo. Hoje em dia, o ser humano mantém relações com objetos fabricados a maior parte de seu tempo e, por isso, esse mistério desapareceu. Um mecanismo, por mais complexo que seja, nunca será um verdadeiro mistério, pois sabemos que sempre haverá um técnico capaz de desmontá-lo e compreender seu funcionamento.

Contra os utopistas, Heidegger afirmou que a tecnologia levaria ao desastre. Contra Heidegger, futuristas defenderam veementemente a tecnoutopia. Parece que ambos os grupos têm uma visão determinista da história, a ideia de um futuro como desdobramento inevitável do presente. Não concordo com nenhum deles, pois não acredito em nenhuma forma de determinismo histórico. Acredito que nas próximas décadas a tecnologia passará por uma grande estagnação, pois ela já não interessa mais ao capitalismo, que só visa lucrar com inovações, mas teme a ruptura que as hipertecnologias poderão trazer. Estamos estagnados sob o peso das tecnoestruturas, da economia do gás, do carvão e do petróleo. E para que elas continuem funcionando, a única solução é diminuir a demanda e o consumo na atividade econômica.

Em muitas passagens de sua obra, Heidegger critica, indistintamente, ciência e tecnologia. A eficiência é uma das características que distingue a tecnologia da ciência. O cientista sonda o mundo e tenta explicar sua complexidade desafiadora, mas nunca precisou ser eficiente. A eficiência é o critério para medir a qualidade de uma tecnologia. Por isso, a tecnologia não é falsa nem verdadeira. Esses são valores que norteiam o conhecimento científico. Uma tecnologia funciona ou não funciona. Seu método não é o da ciência, pois, embora em ambas haja experimentos, o que guia a tecnologia é a tentativa e o erro. Uma tecnologia é bem-sucedida se ela consegue desviar uma força da natureza e colocá-la a serviço de nossos interesses. Esse nunca foi o projeto filosófico da ciência e, por isso, afirmar que a tecnologia é ciência aplicada é um erro. A ciência e a tecnologia podem, mutuamente, colocar-se uma a serviço da outra, mas são guiadas por motivações diferentes.

Não faz parte da agenda da tecnologia uma justificação racional de seu sucesso. Há tecnologias que funcionam na qualidade de soluções obtidas aleatoriamente e, quando isso acontece, essas soluções se tornam segredos industriais. Há, ainda, outra situação extrema: quando não é possível refazer os passos que levaram a uma determinada solução que faz uma tecnologia funcionar. Chamamos isso de conhecimento compilado. Só as pessoas que lidam muito tempo com máquinas complexas e que enfrentam situações nas quais é difícil consertá-las têm a experiência estranha desse tipo de conhecimento.

Mas há uma manifestação cotidiana do conhecimento compilado que se tornou habitual. Quando um computador, um roteador de internet ou até mesmo uma rede elétrica doméstica apresenta defeitos, a primeira recomendação de um técnico é desligá-la e ligá-la novamente depois de um pequeno intervalo de tempo. Tudo volta a funcionar, mas não sabemos o porquê.

O CEREBROSCÓPIO E O *INFLUENCER*

Você já pensou o que ocorreria se existisse um cerebroscópio capaz de ler seus pensamentos? Ler as mentes dos outros e roubar suas ideias?

Faz tempo que perdemos a capacidade de controlar nossas informações pessoais. Em nome da segurança e do combate ao terrorismo, os nossos dados passaram a pertencer ao Estado e a algumas empresas, em uma mescla na qual o público e o privado se confundem. Vivemos em um totalitarismo digital. Tanto faz se ele é de direita ou de esquerda.

As 14 empresas tecnológicas principais e suas plataformas reúnem dados de 4 bilhões de usuários da internet o tempo todo e em todas as partes do planeta. Uma IA poderosa monta os nossos perfis, deduz quem somos e o que faremos a seguir. É uma mina de ouro para os serviços de segurança, polícia e governos, além de impulsionar o *marketing* e os negócios em geral.

Em breve, as grandes corporações do Vale do Silício terão acesso irrestrito até aos dados biológicos das pessoas, como a pressão sanguínea e a temperatura corporal. Mas não é só isso que essas grandes corporações desejam. Elas querem poder ler mentes, isto é, decifrar sinais neuronais de tal forma que seja possível, por meio de um computador, decodificar esses sinais e traduzi-los para a nossa linguagem. Ou seja, *hackear* o cérebro das pessoas por meio de um cerebroscópio.

Por exemplo, podemos detectar o grupo de neurônios que é ativado quando o cerebroscópio é apontado para a cabeça de um soldado diante do qual passa um tanque de guerra. Para confirmar o que ele está pensando neste instante, no momento em que estivesse em um tanque de guerra, precisaríamos perguntar para ele no que ele está pensando e pressupor a sinceridade da resposta. Mas isso nem sempre é possível. O que nos resta, então, é correlacionar o aumento da atividade neural em algum lugar de seu cérebro com a ocorrência de um episódio visual que captura sua atenção naquele instante. Nossas técnicas ainda se baseiam em correlacionar, estatisticamente, milhares de ativações neuronais com milhares de imagens mentais concomitantes que tenham sido previamente confirmadas em um laboratório. Isso nos permite supor que, quando esse grupo de neurônios é ativado, há uma grande probabilidade de que esse soldado esteja pensando em um tanque de guerra similar àquele que foi observado. Podemos também supor que ele está se lembrando do tanque de guerra ou apenas imaginando-o. Há regiões do cérebro que são compartilhadas para exercerem duas ou mais funções, por exemplo, perceber e imaginar.

Em outras palavras, com base na estatística, podemos prever, razoavelmente, que sempre que um determinado grupo de neurônios é ativado, esse soldado deve estar pensando em um tanque de guerra. Mas essa técnica ainda é muito imprecisa. Não podemos saber se pensar em um tanque de guerra ativa sempre o mesmo grupo de neurônios, pois eles podem se combinar e recombinar de forma diferente na produção de um estado mental que corresponde a um tanque de guerra.

A única maneira de verificar se a leitura está correta é pedir ao soldado que a confirme verbalmente e nos informe se está percebendo, imaginando ou apenas se recordando do tanque de guerra. Temos de confiar na sinceridade do soldado. Isso é necessário até mesmo nos casos em que um tanque de guerra passe diante desse soldado. Ele poderia estar alucinando o tanque de guerra. A atividade cerebral subjacente à produção de experiências visuais sonhadas ou alucinadas e de experiências que temos durante a vigília é exatamente a mesma. Por isso, não temos ideia do tipo de experiência subjetiva pela qual está passando o soldado. Se soubermos que ele está diante de um tanque de guerra, resta-nos apenas a inferência trivial de que ele, provavelmente, está pensando nesse tanque.

Recentemente foram inventados dispositivos que permitem, também usando métodos estatísticos, detectar a atividade elétrica do cérebro correspondente às palavras, que podem ser escritas, vocalizadas ou apenas pronunciadas mentalmente. Mas será isso o mesmo que ler pensamentos? Não sabemos ainda se linguagem e pensamento são a mesma coisa, e se quando detectamos atividade linguística no cérebro não estamos deixando de lado muitos pensamentos que a acompanham.

A observação da atividade elétrica do cérebro pode ser incompleta e não permitir uma tradução exata que coincida, precisamente, com o fluxo dos pensamentos. Alguém poderia inferir, a partir de algum tipo de observação do que ocorre no meu cérebro, que estou sentindo calor, mas não saberia dizer se o calor que eu sinto é maior ou menor do que o calor que o cientista, ao observar meu cérebro, estaria sentindo.

Essa incompletude determina aquilo que chamamos de subjetividade, um fator para o qual os neurocientistas torcem o nariz. Subjetividade é diferença. É o que faz com que uma pessoa, ao entrar em um mesmo quarto, relate sentir calor, e outra relate estar sentindo frio, embora a temperatura marcada por um termômetro dentro do quarto seja a mesma.

A subjetividade quase desaparece quando, em vez de lidarmos com um cérebro individual, passamos a fazer estatísticas e buscar correlações entre os dados de milhões de cérebros colhidos na internet por meio das redes sociais. Passamos, então, a controlar os dados de grandes grupos e saber o que seus membros desejam num determinado momento.

Essa informação pode, então, ser repassada para um profissional: o *influencer*. A invasão da privacidade permite aos *influencers* saber os assuntos que preocupam as pessoas num determinado momento e, com base nessa informação, falar sobre o que elas querem ouvir. É isso que atrai e forma o enxame. E quanto mais ele aumenta, mais tende a se expandir, como uma bola de neve.

Os métodos e a escala utilizados pelo neurocientista e pelo *influencer* são diferentes, mas seus objetivos são os mesmos. Se suas investigações cruzarem dados individuais e coletivos, teremos chegado à sociedade de controle total, provavelmente o maior mamute digital já criado. O problema com os mamutes digitais é que todos estão convencidos de que não podemos fazer nada para combatê-los.

A medida do sucesso de um *influencer* é seu número de seguidores. É o número de seguidores que transforma a quantidade em qualidade: se muitos o ouvem é porque o que ele tem a dizer deve ser importante. E com isso se criou a maior ilusão que a indústria cultural jamais sonhara poder realizar. Um *influencer* direciona o assunto comentado pela manada, quem ela deve valorizar, o que ela deve comprar, o que ler e em quem ela deve votar.

O *influencer* nunca deve se esquecer da efemeridade do que ele apregoa: o que hoje é bom, amanhã pode ser péssimo. Ninguém pratica mais o culto ao esquecimento do que o *influencer*. O culto ao presente é concebido como apagamento do passado e da cultura tradicional, que não apenas ficam para trás, como também desaparecem. Não é por acaso que, hoje em dia, há jovens que nunca ouviram falar de Tom Jobim.

A troca da qualidade pela quantidade também bloqueia o novo. A originalidade é sufocada. Será que na cultura do *influencer* alguém como Shakespeare ou Goethe teriam a chance de se destacar? Provavelmente não. A cultura do *influencer* é monolítica, sufoca tudo que é diferente dela e não deixa espaço para nada mais vicejar. Ela preenche totalmente o imaginário de seus seguidores. O novo incomoda, a novidade efêmera vende. Um livro recomendado por um *influencer* vende milhões de exemplares. E esse é o lado perverso da cultura do *influencer*: ele consegue que todos sintam o bem-estar do lugar-comum. Quanto mais banal, mais interessante é o que o *influencer* apregoa e mais *likes* ele recebe.

Hoje em dia, sequer Jesus Cristo teria uma chance de se sobressair. Será que para retornar, ele precisará ser um *influencer* e comprar bilhões de *likes* e de seguidores?

Por sorte, falta ainda à neurociência inventar técnicas para que os neurocientistas decifrem o código neural, isto é, as regras ou a sintaxe que transforma sinais eletroquímicos do cérebro em pensamentos, decisões e desejos. Decifrar o código neural pode ser a chave para resolver questões filosóficas milenares, como o problema mente-cérebro e o problema da existência do livre-arbítrio. Mas estamos longe disso. O cerebroscópio ainda é um sonho.

O cerebroscópio é um dos sonhos do bilionário-mamute Elon Musk, que, para desenvolver uma interface cérebro-computador, criou a *startup* Neuralink e já conseguiu permissão para instalar *chips* em cérebros humanos. O sonho pode virar um pesadelo. Teremos uma corporação capaz de ler e manipular não apenas os pensamentos de qualquer pessoa, mas de todos os grupos sociais dos quais ela participa. O controle total, individual e coletivo. Os dados individuais, obtidos pelo cerebroscópio, serão completados pelos dados obtidos pelos *influencers*.

Penso que decifrar o código neural é um problema que nos lança em águas filosóficas profundas. O filósofo americano Willard Van O. Quine (1908-2000) argumentou que duas línguas nunca são inteiramente traduzíveis. Há palavras que não encontram correspondentes em línguas estrangeiras. Quando Averroes tentou traduzir Aristóteles para o árabe, verificou que não havia uma palavra que correspondesse a "tragédia". A explicação era simples: não havia teatro no mundo árabe naquela época. A palavra portuguesa "orvalho" também não tem tradução precisa para vários idiomas. Tomara que o mesmo ocorra entre o físico e o mental. Enquanto eles se mantiverem intraduzíveis, desfrutaremos de alguma privacidade. E de alguma liberdade.

A CIRURGIA DA IMORTALIDADE

O tema da imortalidade não é novo entre os pioneiros da inteligência artificial. O cientista americano Marvin Minsky (1927-2016) aborda esse tema em um livro chamado *The Turing Option*, publicado em 1993, no qual ele descreve a possibilidade de preservação do *software* de cérebros humanos por tempo indeterminado através de uma espécie de criogênese digital. Na ficção científica, o australiano Greg Egan (1961 -), no seu conto "*Learning to be me*" (*Aprendendo a ser eu*, 1990), propõe que réplicas de cérebros humanos sejam construídas com diamante ou com outras joias para que durem milênios.

Mas até que ponto poderíamos realmente *suportar* a imortalidade? Possivelmente, nossos corpos se tornarão biônicos, mas o que ocorrerá com nossas mentes? Será que nosso psiquismo está preparado para suportar os gostos e desgostos pelos quais passaremos em uma vida que pode durar mais de 200 anos? No filme *O Homem Bicentenário* (1999), dirigido por Chris Columbus, o protagonista é um robô que almeja morrer, pois não aguenta uma vida tão longa, e sabe que só a morte o aproximaria do mundo humano. Ele sabe que é o desejo da imortalidade, e não sua realização, que o tornaria humano.

O paradoxo da imortalidade é que, sem a finitude, a vida perde seu significado. Atingir a imortalidade nunca poderia ser um fato, mas apenas um desejo. Embora a morte não faça parte da vida por estar além da experiência consciente, a finitude é um dos componentes essenciais da vida. Mais do que morrer, o importante é *saber* que morreremos. A brevidade da vida e a indefinição sobre quando ela terminará faz com que lutemos para torná-la a mais digna possível. Não desejamos a imortalidade. Desejamos prolongar a vida, o que, paradoxalmente, são coisas diferentes.

Estocar uma réplica de nosso cérebro na internet usando uma nuvem para salvar dados é uma ideia tentadora. Entretanto, nesse caminho poderíamos topar, em um determinado momento, com a situação paradoxal de cada um de nós conviver, momentaneamente, com seu próprio *outro digital,* com quem teríamos de disputar, mesmo que brevemente, nossa identidade pessoal.

Nas últimas décadas, a medicina tem aperfeiçoado cada vez mais as técnicas de transplantes de órgãos como forma de prolongar a vida. A indústria dos transplantes se desenvolveu rapidamente, mas logo encontrou um limite: a falta de doadores. Foi nesse momento que se formou um mercado negro de órgãos, impelido por pessoas aprisionadas na fome, na pobreza extrema e em dívidas. Recorrendo a medidas desesperadas, essas pessoas estão dispostas a vender um rim, parte do fígado, um pulmão, um olho ou um testículo. Racistas brancos respiram com pulmões de negros. Um padre católico sobrevive graças ao rim de uma prostituta. Os corpos dos pobres são armazéns de peças sobressalentes.

Novas tecnologias para reprogramar o RNA de animais, como o porco por exemplo, estão sendo estudadas para a produção de órgãos humanos sobressalentes. Mas nada se compara ao que li recentemente: que o médico e neurocientista Sergio Canavero (1964-), do Grupo de Neuromodulação Avançada em Turim, está preparando a cirurgia mais controversa de que se tem notícia até hoje: o primeiro transplante de cabeça. O nome da cirurgia é sugestivo: "*Heaven*".

Em linhas gerais, o procedimento envolve o transplante da cabeça num corpo saudável de um paciente em morte cerebral. O cérebro de Valery Spiridonov – um russo paraplégico cuja esperança de vida é curta dada sua condição de saúde – terá de ser arrefecido entre os 10 e os 15 graus Celsius para prolongar a vida das células nervosas na ausência de oxigênio. Depois, a medula espinal é cortada e a cabeça colocada no corpo do doador, com o auxílio de uma "cola biológica". Durante pelo menos três semanas, o paciente terá de ficar em coma induzido para prevenir movimentos.

Se as técnicas cirúrgicas de Canavero forem bem-sucedidas, teremos dado um passo decisivo em direção a prolongar a vida indefinidamente. Para as pessoas se manterem vivas e conscientes bastará transferir o cérebro para que o eu (*self*) do indivíduo sobreviva, assim como toda a sua vida mental.

Mas essa ideia é muito inquietante. A paisagem do mundo humano poderá mudar dramaticamente com esse novo tipo de cirurgia. Poderemos ter cabeças com cabelos brancos e rostos enrugados ligadas a corpos jovens e musculosos. Ou corpos negros com cabeças e faces brancas sobre seus ombros. Ou cabeças masculinas sobre corpos femininos. Como definiríamos sexo, cor e idade nesse admirável mundo novo de corpos e cabeças trocados? A minha idade é a do meu corpo ou da minha cabeça transplantada para ele? Será a cor da minha cabeça que determinará minha raça no meu documento de identidade? Ou a cor do meu corpo?

Bem, isso sem falar das questões bioéticas. Além do comércio de órgãos que já corre solto e é responsável por 10 mil operações anuais no mercado negro, também teríamos agora o contrabando de corpos inteiros. Pessoas com doenças terminais poderiam entrar em consórcios para adquirir corpos saudáveis para os quais suas cabeças poderiam ser transplantadas antes da morte cerebral. Dependendo do estado do novo corpo, elas poderiam ter uma sobrevida ampliada em pelo menos algumas décadas. E, quem sabe, o processo poderia ser repetido, de forma ainda mais aperfeiçoada, quando esse segundo corpo começasse a envelhecer. Bem, isso se o cérebro da cabeça transplantada sobreviver a doenças degenerativas, como o Alzheimer. Não podemos esquecer que os cérebros são matéria viva e, por isso, não duram eternamente. Eles não são feitos de diamante, como na ficção de Greg Egan, já mencionada.

Podemos imaginar um cenário de mão dupla. Pessoas com cérebros saudáveis poderiam receber novos corpos. Por outro lado, pessoas com cérebros demenciados ou com Alzheimer precoce poderiam doar voluntariamente seus corpos e salvar a vida de alguém com um cérebro mais saudável e, provavelmente, mais longevo, embora esteja em um corpo agonizante.

Nunca conversei com o ilustre neurocirurgião italiano, mas acredito que ele, como quase todos que têm esse ofício, deve acreditar que mente e corpo ou mente e cérebro são a mesma coisa. Essa ideia sempre foi questionada. Antes da invenção da filosofia, muitas religiões declaravam que, como a alma (a mente) é imortal, ela deve ser algo imaterial, distinta do corpo. Pois o corpo, no qual tudo é material, perece. Por isso, a vida eterna só poderia ser usufruída por uma alma imaterial. Penso que um dos motivos para essa ideia ainda ser muito popular é o fato de muitas vezes termos a sensação de que não somos inteiramente um corpo, pois nossa consciência estaria *a bordo* dele, como uma borboleta aprisionada em um escafandro. Como será estar ligado a um corpo que nunca foi seu?

Canavero não deve acreditar em almas imortais. Provavelmente ele deve estar buscando uma alternativa ao fato de nossa vida mental depender de uma base orgânica perecível, que muitas vezes dura menos do que nossa consciência deseja. Transplantar cabeças pode ser uma solução provisória para esse desencontro. Muitas pessoas desejam viver mais do que seus corpos permitem. E há outras que não suportam a vida, embora não ousem se livrar dela.

Contudo, a questão que Canavero nos coloca é: quanto *devemos* prolongar nossa vida consciente? É a expectativa de quanto viveremos, apesar de saber que um dia a morte chegará, que faz com que lutemos para tornar nossa vida a mais digna possível. Uma vida infinita ou extremamente longa é incompatível com o desejo de aproveitá-la da melhor forma possível. A imortalidade nunca poderia ser um fato, mas apenas um desejo. Sem a finitude, a vida perde seu significado. Afinal, o que é muito abundante perde valor.

CONCLUSÃO

Fatos, fantasias e anedotas não faltam nas discussões atuais sobre IA. Greves e passeatas contra ela já são registradas, como a dos roteiristas em Hollywood. Estamos distantes de um uso responsável das inteligências artificiais. Nessas fantasias, de um lado estão aqueles que dizem estarem fitando um abismo e, de outro, os que acreditam na construção de um computador como o do *Mochileiro das Galáxias*, que poderia responder a qualquer questão que formulássemos. Infelizmente, esse supercomputador só conseguiu produzir uma única resposta para todas as angústias existenciais humanas: "42".

Será que a tecnologia nos traiu? Que ela foi nos oferecendo cada vez mais conforto e que agora ela se volta contra nós? Tarde demais para protestar. Todos sabemos que as máquinas estão, inexoravelmente, substituindo o trabalho humano em vários setores. A humanidade criou a arapuca na qual ela caiu. Fechamos a porteira depois que o cavalo escapou. Restam, agora, algumas medidas paliativas: programas de renda mínima, diminuição de dias de trabalho na semana, uberização de vários tipos de atividades. São medidas que trazem alívio no curto prazo, mas recessivas com o passar dos anos.

Para a percepção comum, a culpa por esse cenário é da tecnologia. Penso o contrário. Não são os cientistas os culpados, é o pessoal de humanas que falhou. Há décadas se sabia que, mais cedo ou mais tarde, iríamos enfrentar esses problemas. A falta de uma discussão política madura e uma reação coordenada à automação irrestrita foram as causas verdadeiras do desemprego tecnológico estrutural. Mas, até hoje, preferimos não discutir sobre isso e prevalece uma posição passiva em relação à tecnologia. Não sabemos como lidar com elas, como regular seu uso e como incentivar as áreas nas quais elas são prioritárias.

Se hoje lidamos com o flagelo do desemprego tecnológico, isso se deve, principalmente, à omissão histórica dos políticos, filósofos e líderes sindicais, que nunca puseram a tecnologia em suas agendas.

Aos líderes sindicais nunca ocorreu priorizar a discussão de uma política tecnológica que demarcasse a esfera de ação dos novos inventos e suas consequências. Sindicatos vinculados a partidos com ideais pouco amadurecidos bloquearam essa discussão. Prevaleceu uma agenda semelhante à que existia no século XIX, ou seja, a agenda igualitária aliada aos ideais iluministas, segundo os quais a tecnologia sempre traria, embutida nela, a emancipação das sociedades. Não era necessário se preocupar com a tecnologia, nem discutir seus usos, tarefa omitida até hoje por filósofos e políticos.

A moral dessa história pode ser muito triste para alguns, pois desvelou sua miopia, a falta de atualizar seu olhar para um mundo diferente do que cultivava o romantismo carbonário e seu aliado, o Iluminismo. Foi preciso o GPT-4 para que os habitantes do hemisfério norte percebessem que é necessário discutir as consequências sociais das novas invenções. E poder concluir que algumas delas precisam ser rechaçadas ou adiadas por terem um custo social excessivo. É a falta dessa percepção que fez com que movimentos na contramão da história, como várias religiões fundamentalistas, voltassem a florescer com um vigor jamais imaginado neste início de século.

É preciso discutir o ritmo da implementação das tecnologias para que elas não causem traumas sociais. Por exemplo, veículos autopilotados produzidos em massa causariam um desemprego brutal para os motoristas profissionais. Mas seriam extremamente úteis para o deslocamento de idosos que já não conseguem dirigir um carro.

Herbert Simon (1916-2001), um dos pioneiros da inteligência artificial, afirmou que as ciências humanas são as verdadeiras *hard sciences*, as "ciências duras", pois elas lidam com problemas muito mais complexos do que os da matemática, da física ou da biologia. A organização econômica e política das sociedades é um desafio maior do que a compreensão do Universo. Se não enfrentarmos esse problema, a IA transformará as sociedades humanas em um caos. Nossos cientistas serão substituídos por máquinas, que servirão apenas para criar simulações e fazer estatísticas. Sucumbiremos à nossa mediocridade. Cairemos na arapuca que armamos para nós mesmos.

BIBLIOGRAFIA

BEAUVOIR, S. *A velhice*. Rio de Janeiro: Nova Fronteira, 2018.

DAWKINS, R. *O gene egoísta*. São Paulo: Companhia das Letras, 2007.

DESCARTES, R. "Meditations". *In*: *Oeuvres Philosophiques de Descartes*. Presentés par F. Alquié, Tomo I, II e III. Paris: Garnier Frères, 1963.

EGAN, G. "Learning to be me". Disponível em: https://philosophy.williams.edu/files/Egan-Learning-to-Be-Me.pdf.

HAN, Byung-Chul. *A sociedade do cansaço*. Petrópolis: Vozes, 2015.

HAYEK, F. A. *A constituição da liberdade*. São Paulo: Avis Rara, 1920/2022.

HEIDEGGER, M. "A Questão da Técnica". *In*: *Ensaios e Conferências*. Petrópolis: Vozes, 2002.

KACZYNSKI, T. *The Unabomber Manifesto*. Createspace Independent Publishing Platform, 2017.

KEYNES, J. M. "Economic possibilities for our grandchildren". *In*: *Essays in Persuasion*. New York: W.W.Norton & Co., 1963. Disponível em: http://www.econ.yale.edu/smith/econ116a/keynes1.pdf.

KURZWEIL, R. *A era das máquinas espirituais*. São Paulo: Aleph, 2009.

LÉVI-STRAUSS, C. *Tristes Trópicos*. São Paulo: Companhia das Letras, 1996.

LÖHR, R. *A máquina de xadrez*. Rio de Janeiro: Bestbolso, 2012.

MINSKY, M. *The Turing Option*. Winnipeg: Gateway, 2013. (Originalmente publicado em 1993).

MORGAN, R. *Carbono alterado*. Rio de Janeiro: Bertrand Brasil, 2017.

PESSOA. F. "Psiquetipia (ou Psicotipia)". *In*: *Poesias de Álvaro de Campos*. Lisboa: Ática, 1944.

RYLE, G. *The concept of mind*. Chicago: University of Chicago Press, 2000.

TURING, A. "Computação e inteligência". *In*: TEIXEIRA, J. de F. (ed.). *Cérebros, Máquinas e Consciência*. São Carlos: Ufscar, 1996.

VIAN, B. *L´arrache coeur*. Paris: Livre de Poche, 1953/1991.

VIEIRA PINTO, A. *O conceito de tecnologia*. Rio de Janeiro: Contraponto, v. 1 e 2, 2005.

Esta obra foi composta em sistema CTcP
Capa: Supremo 250 g – Miolo: Pólen Natural 70 g
Impressão e acabamento
Gráfica Santuário